CW01637293

Stefanie Kuhne • Martin Wedau

Alles über München

Zahlen Daten Fakten

ALLES ÜBER

MÜNCHEN

ERSTAUNLICHES & KURIOSES

Stefanie Kuhne / Martin Wedau

KOMET

Abbildungsnachweis

© S. 35, 77, 161, 181 Oliver Raupach – Fotolia.com; S. 19, 59 Nicky Graziosi – Fotolia.com; S. 29 André Bergmann – Fotolia.com; S. 43 Linda M. – Fotolia.com; S. 49 loeckchen – Fotolia.com; S. 67 Chengas – Fotolia.com; S. 89 Carsten Kykal – Fotolia.com; S. 99 Protosom – Fotolia.com; S. 109 Helmut Niklas – Fotolia.com; S. 117 Daniel Hohlfeld – Fotolia.com; S. 127 Martin Raab – Fotolia.com; S. 133 Oliver Klimek – Fotolia.com; S. 141 Arnd Drifte – Fotolia.com; S. 151 Sigtrix – Fotolia.com; S. 169 David Musiol – Fotolia.com; S. 191 picture-optimize – Fotolia.com

© KOMET Verlag GmbH, Köln
www.komet-verlag.de
Autoren: Stefanie Kuhne, Martin Wedau
Gesamtherstellung: KOMET Verlag GmbH, Köln
Printed in Germany
ISBN 978-3-89836-783-7

Liebe Leserinnen und Leser,

Minga, Munich, Monaco oder München – unter welchem Namen auch immer von der bayerischen Landeshauptstadt gesprochen wird, Bilder von der Stadt und ihrem Alltag stellen sich unvermittelt ein. So sind die Zwiebeltürme der Frauenkirche als Wahrzeichen Münchens weltbekannt. Neben Architektur, Kunst und Kultur gehören Oktoberfest und das Hofbräuhaus ebenso zu München wie die genussvolle Lebensart im Biergarten, beim Sonnenbaden im Englischen Garten oder beim Menü im Edelrestaurant.

Mit all dem beschäftigen wir uns in diesem Buch – auf etwas andere Art. Wir stellen Wichtiges und Bedeutsames neben Kurioses und Alltägliches. So ergeben sich ungewohnte Zusammenhänge und überraschende Einsichten. „Alles über München" versammelt Geschichten und Anekdoten über Stadt und Leute, mischt dazu eine Auswahl knallharter Fakten und würzt das Ganze mit zahlreichen wissenswerten Details – alle und alles über München.

„Aber da fehlt doch noch etwas, da steht ja gar nicht alles über München drin!", hören wir schon manchen Leser ausrufen: „Zum Beispiel: ..." Und die Autoren nicken an dieser Stelle: Das stimmt. In München gibt es noch viel mehr zu entdecken, über München wird hier längst nicht alles gesagt, und überhaupt verändert sich ja auch – zum Glück – immer wieder etwas in dieser Stadt. So sollten Sie von den folgenden Seiten weder einen umfassenden Reiseführer noch ein wissenschaftlich aufbereitetes Profil einer Millionenstadt erwarten. Wie so oft macht es nämlich auch hier die – außergewöhnliche – Mischung, die von allem ein bisschen mitbringt.

Wenn Sie beim Lesen dieses Buches erstaunt sind, nachdenklich werden oder lächeln müssen – dann haben wir unser Ziel erreicht.

München, Deutschland

Gross: München befindet sich im Alpenvorland und ist die Hauptstadt des Freistaates Bayern sowie des Regierungsbezirks Oberbayern. Die drittgrößte Stadt Deutschlands wird von der Isar durchschnitten. Das Landschaftsbild im nördlichen München wird durch die Feuchtgebiete des Dachauer und Erdinger Mooses geprägt. München ist Zentrum einer der wirtschaftlich stärksten Regionen Europas sowie Sitz zahlreicher Institutionen und Unternehmen mit europäischer oder weltweiter Bedeutung.

Klein: München liegt im Bayerischen Wald beim Ilztal. Die bis zur regionalen Neugliederung 1972 selbstständige Gemeinde gehört heute ebenso wie die kleine deutsche Gemarkung Prag zu der Marktgemeinde Hutthurm, die vom Landkreis Passau verwaltet wird. Auf einer Fläche von 3 721 Hektar leben auf dem Gebiet der Gemeinde Hutthurm etwa 5 900 Einwohner.

Am kleinsten: München ist ein Ortsteil von Bad Berka in Thüringen mit 97 Einwohnern im Jahr 2005. Erste Erwähnung fand der vier Kilometer von Bad Berka entfernte Ort 1115 als „ad monachos“. Die erwähnte Mönchszelle gehörte ursprünglich zum Peterskloster in Erfurt und ging später an das Kloster in Berka über. Im 13. Jahrhundert wurde München als „wüst“ bezeichnet. Das später dort errichtete Gut kam 1608 in landesherrlichen Besitz. Anfang des 18. Jahrhunderts ließ Herzog Ernst August von Sachsen-Weimar das Vorwerk München zu einem Jagdschloss ausbauen mit Wildgehege, Fasanerie und Lustgarten. Ab Mitte des 18. Jahrhunderts wurde Gut München verpachtet. Als Dorf München mit einem Erblehngut, 18 Einwohnern und vier Häusern fand es 1823 Erwähnung und wurde 1836 in den Heimatverband Berka eingegliedert.

München ist ein Ortsteil der Gemeinde Hirschbach mit etwa 30 Einwohnern. Die Gemeinde Hirschbach befindet sich im Oberpfälzer Landkreis Amberg-Sulzbach unmittelbar an der Grenze zum Landkreis Nürnberger Land und ist vollständig von einem Naturschutzgebiet umschlossen.

München ist ein Ortsteil von Uebigau-Wahrenbrück in Brandenburg. Der kleine Ort mit 24 Einwohnern im Jahr 2005 wurde 1300 erstmals urkundlich erwähnt. Den Siedlungskern von München bildet ein Hammerwerk, das in einer Urkunde aus dem Jahr 1422 zum ersten Mal genannt wird.

München weltweit

München (Mnichov u Lucního Chvojna) ist ein Dorf in Nordböhmen bei Velké Chvojno.

München (Mnichov) ist ein aufgegebener Ort, eine Wüstung, bei Zahrádky in Nordböhmen.

In der Nähe befindet sich auch der Mnichovská prurva, auf Deutsch „Münchner Schlucken". Dabei handelt es sich um einen künstlich hergestellten Felskanal bei Zahrádky (Neugarten) in Nordböhmen. Gebaut wurde die Anlage im 14. Jahrhundert als Auslass (Mönch) des „Münchner Teiches". Seit 1792 ist der Teich aufgelassen und wird nicht mehr angestaut. Der Felskanal ist 50 Meter lang und besitzt eine Breite von vier Metern. Die gesamte Länge des Durchstichs durch den Felsriegel beträgt etwa 100 Meter.

Munich ist ein Ort im Cavalier County, der zum Bundesstaat North Dakota in den USA gehört.

Münchens (Aus-)Masse

Geografische Lage der Stadtmitte (nördlicher Turm des Doms)	48° 8' 23'' nördliche Breite, 11° 34' 28'' östliche Länge
Münchner Ortszeit	–13' 42'' gegenüber mitteleuropäischer Zeit
Durchschnittliche Höhe	519 m über NN
Höchster Punkt bei Warnberg (Gemarkung Solln)	579 m über NN
Tiefster Punkt im nördl. Schwarzhölzl (Gemarkung Feldmoching)	482 m über NN
Länge der Stadtgrenze	118,9 km
Größte Ausdehnung des Stadtgebietes (Nord–Süd)	20,7 km
Größte Ausdehnung des Stadtgebietes (West–Ost)	26,9 km

Stadtgebietsfläche		31 042 ha
darunter		
Gebäude und Freiflächen	44 %	13 700 ha
Erholungsflächen	16 %	4 826 ha
Verkehrsflächen	17 %	5 308 ha
Landwirtschaftsflächen	16 %	4 853 ha
Waldflächen	4 %	1 270 ha

Größter See: Lußsee	17,5 ha
Längster Fluss im Stadtgebiet: Isar	13,7 km
Höchstes Bauwerk: Olympiaturm	291 m
Höchstes Gebäude (Dachhöhe): Uptown München, Georg-Brauchle-Ring	146 m

München hat …

etwa 800 000	regelmäßig Sport treibende Bürgerinnen und Bürger
734 397	Wohnungen
702 213	zugelassene Pkws und Kombifahrzeuge
ca. 100 000	Straßenbäume
45 261	Betten in 354 Beherbergungsbetrieben
18 134	Handwerksbetriebe
5 954	Polizeibeamte
705	Sportvereine
322	allgemeinbildende Schulen
298	beim Sportamt registrierte Sportarten, die von Sportvereinen angeboten werden
127	öffentliche Bibliotheken
rund 100	landwirtschaftliche Vollerwerbsbetriebe
82	Kinos
56	Theater
54	Museen
25	Stadtbezirke
ca. 15 m²	Grünfläche pro Einwohner
14	Gerichte
9	Klöster
4	Kasernen
1 Musäum	Dauerausstellung zu den Schauspielern und Komödianten Karl Valentin und Liesl Karlstadt

Quellen: Statistisches Amt der Landeshauptstadt München, Jahrbuch Sport 2007; Zahlen für 2006

Münchens Stadtbezirke

Seit der Neugliederung der Stadt im Jahr 1992 ist München in 25 Stadtbezirke eingeteilt, die sehr unterschiedlich dicht besiedelt sind.

Im gesamten Münchner Stadtgebiet wohnen im Durchschnitt auf einem Hektar rund 43 Menschen. Wer es gern kuschelig mag, sollte sich in Schwabing niederlassen: Da teilt man sich den Hektar nämlich mit 136 anderen. Auch nett in diesem Zusammenhang sind die Stadtbezirke Au und Haidhausen (129 andere) oder Schwanthalerhöhe (126 andere). Ruhe vor Menschen hat dagegen, wer in Aubing, Lochhausen und Langwied lebt – da tummeln sich nur elf weitere Bewohner pro Hektar:

Stadtbezirk	Fläche in Hektar	Einwohner pro Hektar
Altstadt – Lehel	315,86	60
Ludwigsvorstadt – Isarvorstadt	439,17	104
Maxvorstadt	429,34	107
Schwabing – West	436,65	136
Au – Haidhausen	421,83	129
Sendling	393,94	94
Sendling – Westpark	781,45	65
Schwanthalerhöhe	207,02	126
Neuhausen – Nymphenburg	1 291,50	66
Moosach	1 109,54	43
Milbertshofen – Am Hart	1 337,02	20
Schwabing – Freimann	2 566, 61	24
Bogenhausen	2 371,38	32
Berg am Laim	631,26	62

Trudering – Riem	2 245,22	24
Ramersdorf – Perlac	1 990,08	52
Obergiesing	1 571,27	82
Untergiesing – Harlaching	805,86	60
Thalkirchen – Obersendling – Forstenried – Fürstenried – Solln	1 775, 38	45
Hadern	922,37	49
Pasing – Obermenzing	1 649,79	39
Aubing – Lochhausen – Langwied	3 324,18	11
Allach – Untermenzing	1 545,02	18
Feldmoching – Hasenbergl	2 871,03	19
Laim	528,59	95
München zusammen	31 042,94	43

Stand: 31.12.2006
Quelle: Statistisches Amt der Landeshauptstadt München

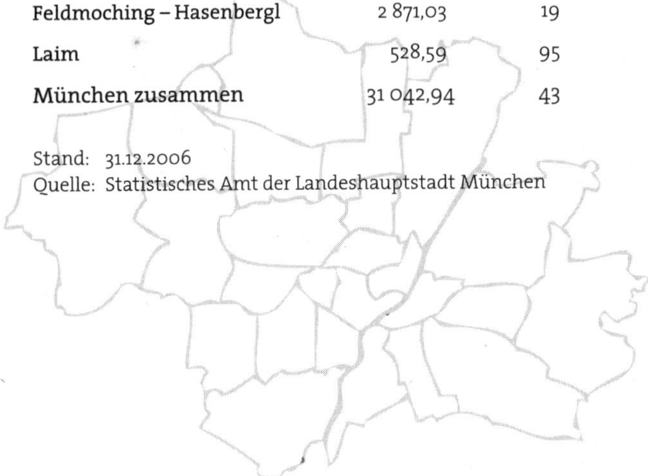

Herkunft und Bedeutung einiger Ortsnamen

München

Eine erste urkundliche Erwähnung findet die Stadt als „apud Munichen" 1158. Die Herkunft des Ortsnamens München wurde lange Zeit unumstritten als „bei den Mönchen" gedeutet. Im Althochdeutschen heißt der Mönch „munih". Schon vor der urkundlichen Erwähnung hat es im Zentrum des heutigen Münchens ein Kloster gegeben.

Seit einiger Zeit weisen manche Ethymologen darauf hin, dass die Wurzel des Namens älter sein könnte. Sie verlegen die Herkunft auf das Vaskonische, einer mit dem heutigen Baskischen verwandten Sprache. München hieß demnach in vorchristlicher Zeit „Munica". Das bedeutet „Ort auf der Uferterrasse". Damit ist vermutlich der bereits vor der offiziellen Stadtgründung besiedelte Petersberg gemeint. Das Wort „mun" bedeutet im Baskischen soviel wie „Ufer, Böschung, Bodenerhebung". Diese zweite Deutung ist allerdings umstritten und wenig gesichert.

Lehel

Meist wird „Lehel" mit der Bezeichnung „Lohe" und damit mit einem lichten Auwald in Zusammenhang gebracht. Diese Auenwälder waren auf der Münchner Schotterebene früher an vielen Orten anzutreffen. Ortsbezeichnungen in der Gegend wie Lohof oder Keferloh weisen ebenfalls darauf hin. Der Name „Lehel" bezeichnete hiernach ein kleines Auwäldchen, ein „Löhel".

Schwabing

Um 782 wird Schwabing als „Suuapinga" erstmals urkundlich erwähnt. Die Bedeutung des Namens leitet sich von „Swapo" ab, was „Schwabe" bedeutet. Somit ist Schwabing die Siedlung eines Swapo oder eines Schwaben.

Sendling
Die Besiedlung des Sendlinger Gebiets ist seit der frühen Bronzezeit bekannt. Vermutlich leitet sich Sendling vom Namen eines germanischen Sippenoberhaupts ab, der sich in dem Gebiet wahrscheinlich um das 6. Jahrhundert ansiedelte. Das ist zwar nicht schriftlich überliefert, aber wird von den Forschern aus dem latinisierten Namen des Ortes, „Sentilinga", gedeutet.

Milbertshofen
Als „Ilmungeshoven" findet Milbertshofen 1149 seine erste urkundliche Erwähnung. Der Name geht zurück auf den „Illungshof", einen Einsiedlerhof, auf den man zwangsweise wegen einer Krankheit oder als Strafe ausgesiedelt wurde.

Allach
Allach wurde erstmals 774 als „Ahaloh" urkundlich erwähnt. Der Name ist zusammengesetzt aus „aha" für Wasser und „Loh" für Wald, bedeutet also Wald am Wasser.

Giesing
Giesing wurde 790 als „Kyesinga" erstmals urkundlich erwähnt. Die Ortsbezeichnung wurde offenbar abgeleitet vom Namen „Kyeso" oder „Kyso".

Pasing
Pasing leitet sich vom Eigennamen eines Poaso/Poso oder Paoso/Paso ab und wurde 763 als „villa Pasingas" erstmals urkundlich erwähnt.

Harlaching
Erstmals schriftlich erwähnt wurde Harlaching im Jahr 1150 als „Hadaleichingen". Der Name deutet auf den Personennamen „Hadaleih" hin, und es wird angenommen, dass ein dort siedelndes germanisches Sippenoberhaupt so hieß.

München – die Vorgeschichte

4500–2300 v. Chr.	Erste Siedlungsspuren im Großraum von München. Vermutlich aus Spanien kommend, besiedeln die „Glockenbecherleute“ die Region.
2300–1200 v. Chr.	Urnengräber kommen auf und verweisen auf Brandbestattung. Gegen 1500 werden erste Hügelgräber angelegt.
800–500 v. Chr.	Während der Hallstattkultur kommen eiserne Waffen und Werkzeuge auf.
ab 500 v. Chr.	Kelten beginnen, in den Uferregionen der Isar zu siedeln.
15 v. Chr.	Tiberius und Drusus erobern das Alpenvorland und besiegen die Kelten. Sie errichten die römische Provinz Raetien und machen den Münchener Raum zum Teil des Imperium Romanum.
17 n. Chr.	In Gauting wird ein Römerlager eingericht. In Grünwald und Denning befinden sich ebenfalls römische Siedlungen.
172	Erster Nachweis des Christentums in römischen Donaulagern.
ab 440	Elbgermanen aus Böhmen ziehen an die obere Donau, wo sie als Söldner in römische Dienste gehen und Baiovarii-Männer aus dem Land Baia (Böhmen) genannt werden.
476	Der Germanenfürst Odoaker setzt Romulus Augustus ab und beendet damit die Herrschaft des Römischen Reiches.

488	Der oströmische Kaiser Zeno überträgt die Herrschaft in Italien und damit auch in Raetien den Ostgoten.
526	Unter aufkommendem fränkischem Einfluss Herrschaftsbildung der Agilolfinger. Das stammesstaatliche Gefüge schafft schnell stabile politische Verhältnisse.
ab 530	Bajuwaren gründen vereinzelte Siedlungen im Münchner Raum, die heute noch an der Endung „-ing" zu erkennen sind.
551	Erstes Auftauchen des Volksnamens Baibari bei dem gotischen Geschichtsschreiber Jordanes.
782	Erste urkundliche Erwähnung von Schwabing.
um 10./11. Jh.	Das Kloster Schäftlarn gründet ein kleines Filialkloster an der Stelle der heutigen Stadtmitte Münchens.
1158	Heinrich der Löwe zerstört die Oberföhringer Isarbrücke und verlegt Flußübergang und Markt unter gleichzeitiger Gründung einer Münzstätte an der Stelle der Siedlung „Ze den Munichen". Das Markt- und Münzrecht wird am 14. Juni des Jahres vom Stauferkaiser Friedrich I. Barbarossa bestätigt. Der Tag wird heute als Stadtgeburtstag gefeiert.

Die Münchner

Einwohner	1 326 206
davon männlich	642 859
davon weiblich	683 347
Ausländer/innen	304 445
Einwohner je km²	4 272
Eheschließungen	10 960
Ehescheidungen	4 358
Geburten	1 330
Arbeitslosenquote	7,5 %
Privathaushalte	734 341
darunter Familien mit Kindern	122 399
Hunde	25 572
Schüler/innen	115 293
Student/innen	87 770

Stand: 31.12.2006
Quelle: Statistisches Amt der Landeshauptstadt München

Messestadt München

Ausstellungsfläche insgesamt	2 799 065 m²
Anzahl der Messen und Ausstellungen	22
Gastveranstaltungen	244
Aussteller insgesamt	34 550
Auslandsaussteller	9 454
Zusätzlich vertretene Firmen	305
Ausstellerländer	96
Besucher insgesamt	2 432 019
Auslandsbesucher	425 167
Besucherländer	211

Zu diesen zehn Messen kamen die meisten Besucher:

Messe	Besucher
BAUMA – Internationale Fachmesse für Baumaschinen, Baustoffmaschinen, Bergbaumaschinen, Baufahrzeuge und Baugeräte	503 000
BAU – Architektur, Materialien, Systeme	209 000
I.H.M. – Internationale Handwerksmesse	175 000
Heim und Handwerk – Verkaufsausstellung rund ums Wohnen, Einrichten und Bauen	135 000
ITMA – Internationale Textilmaschinenausstellung	117 000
C-B-R – Caravan-Boot-Internationaler Reisemarkt	114 000
Garten Ausstellung für Gartenkultur und Pflanzen	76 000
Ispo Winter – Internationale Fachmesse für Sportartikel und Sportmoden	64 000
Transport Logistic – Internationale Fachmesse für Logistik, Telematik, Verkehr	48 000

Quellen: Messe München. Das Messejahr 2007 im Spiegel der Zahlen
Landeshauptstadt München

Ein Münchner im Himmel

Das klingt nicht schön in Gottes Ohren, wenn Alois Hingerl, der Dienstmann Nummer 172 vom Münchner Hauptbahnhof, die Saiten der Harfe erklingen lässt. Wie soll ein echter Münchner Dienstmann aber auch „frohlocken" und „Hosianna singen" ohne seine Maß Bier? Auf Erden hatte Alois Hingerl am Bahnhof einen Auftrag mit solch einer „Hast" erledigt, dass er vom Schlag getroffen zu Boden fiel und starb. Nun im Himmel wird selbst seine Bitte nach „am Schmaizla", einer Prise Schnupftabak, nur mit einem verständnislosen „Hosianna!" beantwortet. Da ist es doch nur allzu verständlich, wenn einem angesichts dieser Zustände so ein richtiger Zorn überkommt.

Der 1867 geborene und 1921 gestorbene Ludwig Thoma verfasste 1911 seine Geschichte von Alois Hingerl, dem Dienstmann, der sich überhaupt nicht in den Himmelsalltag einfügen will und deshalb schließlich von Gott einen besonderen Auftrag erhält. Der bayerischen Regierung soll er die göttlichen Ratschläge übermitteln. So, hofft Gott, herrsche wenigstens in der Zeit von Hingerls Abwesenheit im Himmel wieder Ruhe. Zurück auf Erden kehrt Alois Hingerl allerdings zunächst im Hofbräuhaus ein, und die Regierung muss auf die Ratschläge von oben weiter verzichten.

„Ein Münchner im Himmel" ist bis heute eine der populärsten Geschichten von Ludwig Thoma – nicht zuletzt deshalb, weil der Münchner Schauspieler Adolf Gondrell diese Geschichte schon früh auf eine eindringliche Weise rezitiert hat. „Halläluja, sog i" wurde zu einem geflügelten Wort in der bundesrepublikanischen Nachkriegszeit. Nicht nur auf zahlreichen Schallplatten ist Gondrells Stimme verewigt, vor allem nutzten Walter und Traudl Reiner im Jahr 1962 seine Rezitation für ihren Zeichentrickfilm vom „Münchner im Himmel". Auch wenn heute „Ein Münchner im Himmel" nicht mehr so oft im Fernsehen zu sehen ist wie in den 1960er- und 70er-Jahren, so hat der gezeichnete Alois Hingerl seinen Platz im Gedächtnis der Bundesrepublik neben den knollennasigen Männchen von Loriot und ist eine klassische Figur des deutschen Zeichentrickfilms geworden.

Nach ein paar Maß Bier auf der Wiesn ein Nickerchen halten – da fühlt sich mancher Münchner wie im Himmel.

Touristische Basisinformationen

Vor der Reise

Tourismusamt München
Sendlinger Straße 1
80331 München
Tel. ++49/(0)89-233 96 500
Fax ++49/(0)89-233 30 233
E-Mail: tourismus@muenchen.de
Internet: www.muenchen-tourist.de

Telefonische Zimmerreservierung
Tel. ++49(0)89-233 96 500
Mo–Fr 8.00–19.00 Uhr
Sa 9.00–17.00 Uhr

Hotels online buchen
www.muenchen.de/tam

Vor Ort

Touristeninformation am Hauptbahnhof
Bahnhofplatz 2, neben DER
April–Oktober:
Mo–Sa 9.00–20.00 Uhr, So 10.00–18.00 Uhr
November–März:
Mo–Sa 9.30–18.30 Uhr
So 10.00–18.00 Uhr

Touristeninformation am Marienplatz im Neuen Rathaus
Mo–Fr 10.00–20.00 Uhr
Sa 10.00–16.00 Uhr
So 12.00–16.00 Uhr
(während des Christkindlmarktes So 14.00–18.00 Uhr)
Geschlossen am: 1.1., 6.1, Faschingssonntag, Faschingsdienstag, 1.5., 1.11., 25.12., 26.12.

Fahrschein und Rabatte – die CityTourCard

Die CityTourCard gilt als Fahrschein für die öffentlichen Verkehrsmittel in München und gewährt Rabatt bei vielen touristischen Zielen. Sie ist in sechs Varianten erhältlich.

Für Einzelpersonen:

bei einer Gültigkeit von 1 Tag	
im Tarifbereich München Innenraum für	€ 9,80
bei einer Gültigkeit von 3 Tagen	
im Tarifbereich München Innenraum für	€ 18,80
bei einer Gültigkeit von 3 Tagen	
im Tarifbereich München Gesamtnetz für	€ 29,50

Für Gruppen mit bis zu fünf Personen:

bei einer Gültigkeit von 1 Tag	
im Tarifbereich München Innenraum für	€ 16,00
bei einer Gültigkeit von 3 Tagen	
im Tarifbereich München Innenraum für	€ 29,00
bei einer Gültigkeit von 3 Tagen	
im Tarifbereich München Gesamtnetz für	€ 48,00

Spitzenreiter im Wirtschafts-Städteranking

Zum vierten Mal erstellte 2007 die Initiative Neue Soziale Marktwirtschaft (INSM) zusammen mit dem Magazin „WirtschaftsWoche" ein Ranking der 50 erfolgreichsten Wirtschaftsmetropolen Deutschlands. In das Ranking flossen 104 ökonomische und strukturelle Indikatoren wie Bruttoinlandsprodukt, Arbeitseinkommen und Investitionen ein. Welche Stadt bei dieser Studie den Top-Platz belegte, dürfte den Leser dieses Buches nicht überraschen: natürlich München!

Rang	Stadt	Punkte
1	München	129,6
2	Stuttgart	120,8
3	Karlsruhe	120,6
4	Münster	119,5
5	Frankfurt	118,8
6	Bonn	118,7
7	Düsseldorf	116,7
8	Dresden	116,7
9	Nürnberg	113,3
10	Wiesbaden	113,0

Auch in anderen Deutschland-Städterankings hatte München regelmäßig die Nase vorn:

Herausgeber	Jahr	Art	Rang München
Prognos AG	2007	Regionalranking	1
FERI Wirtschaftsforschungsinstitut für das Magazin Capital	2007	Städteranking	
Deutsches Patent- und Markenamt	2006	Patentatlas	2
Perspektive Deutschland	2006	Regionalranking	6
Academic Ranking of World Universities der Shanghai Jiao Tong University	2006	Hochschulranking	1

München für Gesunde und Kranke, Junge und Alte

Es gibt in München mehr Psychotherapeuten als Spezialisten für Innere Medizin. Ein Großstadtphänomen?

Krankenhäuser	47
Betten	12 669
Ärzte (ca.)	4 519
darunter Kassenärzte	3 218
Einwohner pro Kassenarzt	412

Niedergelassene Kassenärzte nach Häufigkeit des Spezialgebiets

Allgemeinmediziner	792
Innere Medizin	524
Psychotherapeutische Medizin/Psychotherapie/ -analyse	322
Frauenheilkunde und Geburtshilfe	293
Orthopädie	174
Kinderheilkunde	126
Anästhesiologie	126
Augenheilkunde	121
Hals-Nasen-Ohrenheilkunde	110
Chirurgie	97
Haut- und Geschlechtskrankheiten	95
Strahlentherapie	93
Urologie	60
Nervenheilkunde	60
Neurologie	35

Zahnärzte	1 219
Einwohner pro Kassenzahnarzt	1 088
Einwohner pro Kieferorthopäde	21 390
Psychologische Psychotherapeuten	547
Einwohner pro Therapeut	2 425
Apotheken	407
Einwohner pro Apotheke	3 258
Polizeibeamte	5 954
darunter Schutzpolizisten	4 493
Kindertagesstätten	868
Krippenplätze	5 493
Kindergartenplätze	32 301
Hortplätze	12 818
Seniorenheime	55
Verfügbare Plätze	10 096

Quelle: Statistisches Amt der Landeshauptstadt München

Erfinderisches München

1798	Alois Senefelder erfindet die Lithografie, die Grundlage für moderne Offsetdruckverfahren.
ab 1807	Joseph von Fraunhofer entwickelt das dioptrische Teleskop, das erstmals exakte astronomische Messungen ermöglicht.
1817	Franz Xaver Gabelsberger beginnt mit der Entwicklung von Kurzschriften.
1836	Carl August von Steinheil erfindet den Nadeltelegrafen.
1838/39	Carl August von Steinheil macht gemeinsam mit seinem Kollegen Franz von Kobell erste fotografische Versuche und entwickelt die erste Kleinbildkamera der Welt.
1842	Franz von Kobell entwickelt die Galvanografie, ein Verfahren zur Herstellung von Kupferdruckplatten.
1854	Franz von Hanfstaengl erfindet die Negativretusche in der Fotografie.
1870/71	Carl von Linde entwickelt mit Unterstützung des Braumeisters Gabriel Sedlmayr die Ammoniak-Kältemaschine mit Kompression.
1873	Christian Reithmann erfindet vier Jahre vor Nicolaus Otto den Viertaktmotor. Aus Geldmangel kann er die Idee allerdings nicht weiterverfolgen.
1877	Hans Bunte erfindet Generatorofen zur Gaserzeugung.
1903	Hermann Anschütz-Kaempfe entwickelt den ersten Kreiselkompass.
1904	Hans Mikorey erfindet das Minimax-Feuerlöschverfahren.
1995	Das erste Multimedia-Telefon der Welt wird entwickelt und auf dem Flughafen München in Betrieb genommen.

Münchner Bier

Allein die sieben großen Münchner Biermarken bieten insgesamt über 62 Biersorten an. Einige der Biere sind Saisonbiere und werden zum Beispiel nur während des Oktoberfestes gebraut. Außerdem gibt es kleinere Hausbrauereien, die ihre Biere vor allem in der eigenen Gaststätte vertreiben. Die älteste Brauerei Münchens ist die 1328 gegründete Augustiner Brauerei. Für jeden Touristen ist das Hofbräuhaus ein Begriff. Dort werden die Biere der staatlichen Brauerei Hofbräu ausgeschenkt. Diese Brauerei ist ein Wirtschaftsunternehmen des Freistaates Bayern, für das das Finanzministerium verantwortlich ist. Mit Spaten Brauerei, Löwenbräu und Franziskaner gehören drei traditionelle Brauereien inzwischen zu der weltweit agierenden Brauereigruppe „InBev“. Auch Paulaner und Hacker-Pschorr gehören einem Brauereiverbund an, der zu fünfzig Prozent der Brau Holding International gehört, einem Joint Venture der Schörghuber Unternehmensgruppe und der niederländischen Heineken N. V.

Aus Münchner Brauereien

Augustiner Edelstoff
Augustiner Hell
Augustiner Pils
Maximator
Augustiner Dunkel
Heller Bock
Augustiner Weißbier
Hofbräu Original
Münchner Weisse
Hofbräu Schwarze Weisse
Hofbräu Dunkel
Hofbräu Maibock
Hofbräu Oktoberfestbier
Spaten Münchner Hell
Spaten Pils
Spaten Oktoberfestbier
Löwenbräu Urtyp
Löwenbräu Original
Löwenbräu Weisse
Löwenbräu Schwarze Weisse

Löwenbräu Triumphator

Löwenbräu Dunkel

Löwenbräu Pils

Franziskaner Weissbier

Paulaner Salvator

Paulaner Hefe-Weißbier Dunkel

Paulaner Hefe-Weißbier Hell

Paulaner Original Münchner Hell

Paulaner Original Münchner Urtyp

Paulaner Original Münchner Dunkel

Hacker-Pschorr Münchner Hell

Hacker-Pschorr Münchener Gold

Hacker-Pschorr Hefe Weisse

Hacker-Pschorr Dunkle Weisse

Hacker-Pschorr Oktoberfest Märzen

Hacker-Pschorr Anno 1417

Hacker-Pschorr Animator

Hacker-Pschorr Superior

Hacker-Pschorr Sternweisse

Pilsissimus

St. Jakobus Blonder Bock

FliegerQuell

Aviator

Kumulus

Kampus

Jet A-1

Hausbrauereien

Unions-Bräu-Haidhausen
Einsteinstraße 42
81675 München

Braustübl der Forschungsbrauerei
Unterhachinger Straße 76
81737 München

Brauhaus Airbräu
Flughafen München
München Airport Center

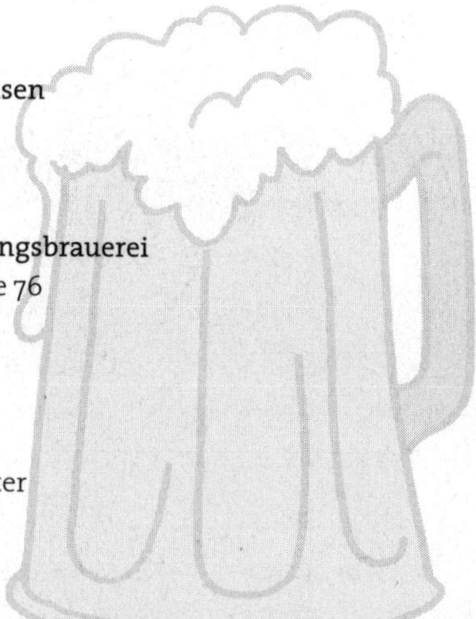

Für Nachschub ist stets gesorgt ...

*München gilt als die Bierstadt schlechthin.
Bevorzugt zur Brotzeit genießen die Münchner
im Biergarten oder in den großen Brauereien ihre Maß.*

Prima Klima

An dieser Stelle etwas über das Wetter – und zu einer Statistikinterpretation der etwas anderen Art.

Wenn man davon ausgeht, dass der normale Arbeitstag acht Stunden hat, man außerdem pro Tag eine Stunde Körperpflege betreibt, im Schnitt zwei Stunden mit lästigen Arbeiten im Haushalt oder Supermarkt verbringt, eine weitere Stunde eine Mahlzeit zu sich nimmt oder sonst etwas macht und das Wochenende frei ist – dann heißt das optimalerweise für einen Juli in München: Es bleiben noch rund 57 Stunden oder fünf ganze Tage oder zehn halbe Tage für einen Besuch im Biergarten. Bei Sonne wohlgemerkt.

Monat	Was vom Himmel strahlte (Sonnenstunden)	Was vom Himmel kam (Niederschlagsmenge in mm)	H_2O zum Atmen (Luftfeuchtigkeit in Vol.-%)
Januar	116	26	83
Februar	82	46	80
März	104	112	75
April	141	131	73
Mai	214	101	66
Juni	277	80	65
Juli	339	45	60
August	139	155	76
September	209	38	77
Oktober	166	48	79
November	100	31	80
Dezember	110	42	81

Quelle: Statistisches Amt der Landeshauptstadt München, Zahlen von 2006

Nahe Berge und schnelle Abfahrten

Von München aus ist es nicht weit zu den Brettln.
Hier einige Gipfel der Region und die Orte im Tal:

Berg	Gipfelhöhe (m)	Von dort geht's mit der Bergbahn hoch	Entfernung nach München (km)
Brauneck	1 555	Lenggries	65
Herzogstand	1 731	Walchensee	84
Hörnle	1 548	Bad Kohlgrub	82
Laber	1 684	Oberammergau	90
Rosskopf	1 580	Spitzingsee	70
Steinplatte	1 869	Reit im Winkl	110
Stümpfling	1 480	Spitzingsee	70
Taubenstein	1 613	Spitzingsee	70
Wallberg	1 722	Rottach-Egern	57
Zugspitze	2 962	Garmisch-Partenkirchen oder von Eibsee oder von Ehrwald	85

München in Daten und Zahlen

Stadtentwicklung hat viele Facetten. Hier sind einige davon zusammengetragen:

Einwohnerzahl gesamt	1 338 926
Anstieg im Vorjahresvergleich	+ 1,9 %
Baugenehmigungen für	
Wohngebäude	144
Gewerbliche und sonstige Gebäude	41
Wohnungen	389
Fertiggestellte Wohngebäude	47
Touristen	434 190
Aussteigerinnen und Aussteiger aus Flugzeugen am Münchner Flughafen	1 552 109
Unternehmensgründungen (2006)	ca. 18 000
Anstieg der Gründungen im Vergleich zum Vorjahr	8,1 %
Geburten Kinder	1 330
Geburten Zootiere (zwischen Dezember 2007 und Februar 2008)	25
	1 Nyala
	3 Wildmeerschweinchen
	1 Netzgiraffe
	1 Hartmann Bergzebra
	1 Hirschziegenantilope
	1 Hirschziegenantilope
	1 Axishirsch
	2 Maras
	1 Wildmeerschweinchen
	2 Yaks
	5 Zackelschafe
	6 Kamerunschafe

Quellen: Statistisches Amt der Landeshauptstadt München, Tierpark Hellabrunn, IHK München und Oberbayern; wenn nicht anders gekennzeichnet: Zahlen von August 2007

Das muss man gesehen haben! – Was Reiseführer empfehlen

Dorling Kindersley Top 10 – München

„Highlights in München"

1. Deutsches Museum
2. Schloss Nymphenburg
3. Museumsviertel
4. Olympiagelände
5. Residenz
6. Oktoberfest
7. Biergärten
8. Um den Marienplatz

Zwei „Highlights" befinden sich allerdings im Umland:

9. Neuschwanstein
10. Starnberger See

DuMont direkt – München

„12 Highlights"

1. Kaufhaus Beck
2. Viktualienmarkt
3. Kultfabrik
4. Gärtnerplatz und Glockenbachviertel
5. Asamkirche
6. Residenz
7. Alte Pinakothek
8. Deutsches Museum
9. Lembachhaus
10. Pinakothek der Moderne
11. Valentin-Karlstadt-Musäum
12. Englischer Garten

Lonely Planet – Munich

„Unsere Empfehlungen"

1. Eine Maß Bier in einem von Münchens berühmten Biergärten trinken
2. Bummel über den Viktualienmarkt
3. Besuch im Deutschen Museum und Besuch von zumindest einem großen Kunstmuseum
4. Die Surfer auf dem Eisbach im Englischen Garten beim Wellenreiten beobachten
5. Durch die Bars von Schwabing oder Haidhausen ziehen
6. Sich ein klassisches Konzert im Gasteig oder ein Jazzkonzert im Bayerischen Hof ansehen
7. Straßenkünstler am Marienplatz und in der Fußgängerzone beobachten
8. Besuch von Schloss Nymphenburg
9. Frühstücken in einem von Münchens In-Cafés und dabei die Welt an sich vorbeiziehen lassen
10. Radtour am Ufer der Isar entlang

Baedeker Allianz Reiseführer – München

„Top Sehenswürdigkeiten – Auf keinen Fall versäumen"

1. Antikensammlung
2. Archäologische Staatssammlung
3. Asamkirche
4. Bavaria mit Ruhmeshalle auf der Theresienwiese
5. Deutsches Museum
6. Glyptothek
7. Hofbräuhaus
8. Marienplatz
9. Michaelskirche
10. Münchner Stadtmuseum

Prachtvoller Abschluss der Ludwigstrasse

König Ludwig I. ließ das Siegestor im Gedenken der ruhmreichen Siege des bayrischen Heeres in den napoleonischen Befreiungskriegen errichten. Den 1850 vollendeten Bau bezahlte der Bayernkönig mit 420 000 Gulden aus seiner Privatschatulle – das entspricht etwa einer Summe von 767 Tausend Euro.

---

11. Nationalmuseum
12. Nationaltheater
13. Nymphenburg (Schlossparkanlage)
14. Olympiapark
15. Pinakotheken
16. Residenz
17. Schleißheim (Schlossparkanlage)
18. Theatinerkirche
19. Tierpark Hellabrunn
20. Villa Stuck

Münchner Unternehmer

Eine kleine Auswahl bekannter Münchner Unternehmer:

Name	Unternehmen	Branche
Joseph Anton von Maffei (1790–1870)	Gründer der Lokomotivfabrik J. A. Maffei, die später zu Krauss-Maffei fusioniert	Maschinenbau
Carl von Linde (1842–1934)	Gründer der Gesellschaft für Lindes Eismaschinen AG, heute: Linde AG	Klima- und Kältetechnik
Josef Rodenstock (1846–1932)	Gründer von Rodenstock	Brillen und optische Geräte
Jakob Heilmann (1846–1927)	Gründer des Baugeschäfts J. Heilmann, später Heilmann & Littmann	Bauunternehmen
Oskar von Miller (1855–1934) zusammen mit dem Berliner **Emil Rathenau** (1838–1915)	Direktoren der Deutschen Edison Gesellschaft, später: AEG	Elektrounternehmen
Peter Ostermayer (1882–1967)	Gründer der Münchner Lichtspielkunst GmbH, heute: Bavaria-Filmgesellschaft	Filmproduktion

München in Romanen und Autobiografien

Autor	Titel	Erscheinungsjahr
Ernst von Wolzogen	Das dritte Geschlecht	1901
Franziska Gräfin zu Reventlow	Herrn Dames Aufzeichnungen oder Begebenheiten aus einem merkwürdigen Stadtteil	1913
Josef Ruederer	Das Erwachen	1916
Ludwig Thoma	Münchnerinnen	1919
Lion Feuchtwanger	Erfolg	1927–30
Oskar Maria Graf	Wir sind Gefangene. Ein Bekenntnis	1927
Ödön von Horváth	Der ewige Spießer	1930
Annette Kolb	Die Schaukel	1934
Wolfgang Koeppen	Tauben im Gras	1951
Siegfried Sommer	Und keiner weint mir nach	1954
Marieluise Fleißer	Abenteuer aus dem Englischen Garten	1969
Uwe Timm	Heißer Sommer	1974
Alfred Andersch	Der Vater eines Mörders	1980
Walter Kolbenhoff	Schellingstraße 48. Erfahrungen mit Deutschland	1984
Andreas Neumeister	Salz im Blut	1990
Willy Purucker und Rolf Ulrici	Löwengrube	2000
Christine Grän	Hurenkind	2001
Ernst Augustin	Die Schule der Nackten	2003
Ulrike Draesner	Spiele	2005

Zur Miete in München

In München zu leben ist teuer. Die Mieten sind dort so hoch wie nirgendwo sonst in Deutschland. Im Lauf des Jahres 2007 stiegen die Netto-Kaltmieten für Altbauwohnungen um 6,2 Prozent. Bei den Doppelhaushälften war die Steigerung mit 8,2 Prozent noch höher. Wegen des mangelnden Wohnraums werden die Mieten weiter steigen, prognostiziert der Immobilienverband Deutschland Süd. Vor allem größere Wohnungen werden weiter gesucht. Einzimmerappartements sind dagegen so gut wie nicht mehr zu vermieten, selbst wenn die Miete nach unten hin angepasst wird – was angesichts von 53,3 Prozent Single-Haushalten in München dann doch überrascht.

Münchens Nettokaltmieten für eine Mietwohnung mit 3 Zimmern, ca. 70 m², mittlerem Wohnwert im Vergleich zu anderen deutschen Städten:

Stadt	Altbau bis 1948	Altbau ab 1949	Neubau/ Erstbezug
München	9,00	8,75	10,00
Hamburg	6,80	6,70	9,10
Köln	6,35	7,35	9,00
Westteil Berlin	5,00	5,50	6,00
Dresden	4,50	4,50	5,00
Ostteil Berlin	4,00	4,00	5,80

Quelle: Focus online 2007

Der Münchner Stadthund

Damit das Zusammenleben von Haustier und Mensch reibungslos funktioniert, hat die Stadt München eine Broschüre mit dem Titel „Der Münchner Stadthund“ herausgegeben.

Hier erfährt der geneigte Leser alles über Hundesteuer (Nicht-Kampfhunde jährlich 76,80 Euro, Kampfhunde 613,80 Euro), Anmeldung (zwei Wochen nach Aufnahme des Tiers oder nach der durch Geburt von einer vom Besitzer gehaltenen Hündin zugewachsenen Welpe) und Ordnungswidrigkeiten. Zu Letzteren zählt man in München Verstöße gegen Anlege-, Anmelde- und Anzeigepflicht.

Ein nicht nur für den Hundehalter, sondern eher für den ahnungslosen Passanten entscheidender Hinweis findet sich im Kapitel „Beseitigung des Hundekots“. Dort steht zu lesen:

„Auch wenn Sie Ihren Hund angemeldet haben und Hundesteuer bezahlen, sind Sie natürlich selbst verpflichtet, den Schmutz Ihres Tieres zu beseitigen. Die verbreitete Meinung, durch Zahlung von Hundesteuer von dieser Verpflichtung gewissermaßen befreit zu sein, ist falsch und dient vielfach als Ausrede. Die Rechtslage ist eindeutig. Die städtische Reinhaltungsverordnung für öffentliche Straßen und Anlagen und die Grünanlagensatzung für öffentliche Grünanlagen untersagen die Verschmutzung mit Hundekot. Bei Nichtbeachtung droht ein Bußgeldverfahren. Bedenken Sie, dass auch eine Gesundheitsgefährdung für Mensch und Tier vom Hundekot ausgeht und eine wachsende Zahl von Mitbürgern daher von der Stadt ein Eingreifen gegen rücksichtslose Hundehalter fordert.“

Die zehn grössten Münchner Sportvereine

Geordnet nach der Gesamtmitgliederzahl ergibt sich folgende Tabelle:

Rang	Verein	Mitglieder insgesamt
1	FC Bayern München	126 417
2	DAV Sektion München	97 253
3	DAV Sektion Oberland	96 484
4	TSV 1860 München	20 327
5	MTV München v. 1879 e. V.	6 028
6	SV Neuperlach	4 248
7	SV Weißblau-Allianz München	4 092
8	ESV Sportfreunde Neuaubing	4 014
9	Postsportverein München	3 806
10	TSV Forstenried-München	3 590

Geordnet nach der Zahl aktiver Mitglieder sieht die Rangliste wie folgt aus:

Rang	Verein	Aktive Mitglieder
1	Deutscher Alpenverein Sektion München	54 858
2	Deutscher Alpenverein Sektion Oberland	54 768
3	MTV München v. 1879 e. V.	5 928
4	SV Neuperlach	4 236
5	ESV Sportfreunde München-Neuaubing	3 972

6	Postsportverein München	3 794
7	TSV Forstenried-München	3 533
8	Siemens Active München	3 476
9	TSV München-Großhadern von 1926	3 283
10	Turnerschaft Jahn München von 1887	3 023
	…	
28	TSV 1860 München	1 634
34	FC Bayern München	1 396

Die zehn beliebtesten Sportarten in München

Sportart	Mitglieder	Vereine
Berg- und Wandersport	125 623	68
Fußball	33 191	167
Turnen	27 453	69
Tennis	10 574	65
Schwimmen	8 706	33
Gymnastik	7 705	59
Skisport	6 015	84
Leichtathletik	5 741	29
Schießsport	4 692	85
Volleyball	4 132	110

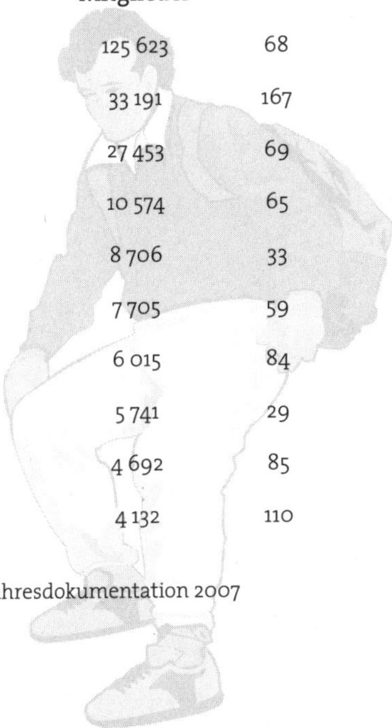

Quelle: Sport in München, Jahresdokumentation 2007

Flüsse und Seen

Das Maß an Lebensqualität in einer Stadt – das belegen Umfragen immer wieder – hängt wesentlich davon ab, ob und wie viel Wasser in der Nähe ist.

München rangiert im Deutschlandvergleich mit Blick auf die Lebensqualität regelmäßig ganz oben. Hier 22 der möglichen Gründe:

Fluss	Länge in km
Isar	13,7
Nymphenburg-Biederst. Kanal	12,0
Schwabinger Bach (einschl. Altbach)	11,0
Würm	9,3
Schwabenbächl/Hartmannshf. Bächl	7,5
Werkkanal	7,0
Auermühlbach	6,6
Hüllgraben	6,6
Hachinger Bach	6,4
Feldmochinger Mühlb./Reigersbach	6,0
Würmkanal	5,6

See	Größe in ha
Lußsee	17,5
Feldmochinger See	17,1
Langwieder See	16,7
Fasaneriesee	14,7
Badesee an der Regattaanlage	13,6
Seen im Nymphenburger Park	11,0
Badesee Riem	9,7
Olympiasee	8,7
Lerchenauer See	7,9
Kleinhesseloher See	7,8

Idylle an der Isar

Großstadthektik adé: Die Ufer der Isar laden in München unter anderem zu ausgedehnten Spaziergängen ein.

Rock und Pop aus München – Solisten und Bands

Amon Düül
AutoZynik
Blechschaden
BeNUTS
Blumentopf
Chicks on Speed
Colour Haze
Embryo
Einshoch6
Emil Bulls
Express Brass Band München
Equilibrium
Faun
Fiva MC & DJ Radrum
Feinkost Paranoia
Freiwillige Selbstkontrolle/F.S.K.
Gil Ofarim
Gracia Baur
Harold Faltermeyer
Headcornerstone
Jamaram
Konstantin Wecker
Les Babacools
Lou Bega
Main Concept
Münchner Freiheit
Mundwerk
Panzerballett
Peter Maffay
Raptile
Sahara
Schandmaul
Spider Murphy Gang
Sportfreunde Stiller
Tom Novy
United Balls
Willy Astor
ZSD

Ein Slogan für München

Die Stadtverantwortlichen nahmen die Olympischen Sommerspiele 1972 zum Anlass, für München mit einem Slogan zu werben. Das Motto war so erfolgreich, dass es bis ins Jahr 2005 benutzt wurde: 33 Jahre lang war München die

„Weltstadt mit Herz".

Gefunden wurde der Slogan in einem Wettbewerb, an dem sich jeder Bürger beteiligen konnte. Die Siegerin Dorit Lindner erhielt als Auszeichnung 2 500 D-Mark. Das Preisgeld war gut angelegt: Umfragen zufolge kennen den Spruch mehr als 45 Prozent aller Gäste in München.

Zur Fußballweltmeisterschaft 2006 in Deutschland wollte man schließlich einen neuen Slogan präsentieren. Bei der Slogan-Findung haben sich die Zeiten gewandelt: Wettbewerbe für Bürger gehören der Vergangenheit an, heute heißt es: professionell sein. Deshalb heuerte man für die Mottofindung eine Werbeagentur an. Nun verspricht die Stadt im Rahmen einer Imagekampagne „München mag dich" beziehungsweise

„Munich Loves You".

Denn vor allem Touristen aus aller Welt sollen angesprochen werden: Und das ist ohne eine englische Version des Mottos nicht zu erreichen.

Lass den Ärger raus

Männer beschimpfen:

Läffdudde	Blödmann
Laddürl	Dummkopf
Lallä	Langweiler
Loamsiada	Leimkocher = Langweiler
Laarwaafn	Großmaul
Breznsalzer	Feigling, Weichei
Muhackl, dreckerter	ungehobelter Mensch
Zipfeklatscher	Wichser
Hosenbiesler	jemand, der sich in die Hose macht
Bazi	Wichtigtuer
Blede Loaß	dumme Sau
Doagaff	dumme Person
Glezn	Idiot
Gmordrottl	der größte Dummkopf der Gemeinde
Grattler	heruntergekommener Mensch
Saupreiß!	

Frauen beschimpfen:

Drag	Drachen
Britschn	Schlampe
Heigeign	Bohnenstange
So a Blunzn	dicke Blutwurst, auch: fettes Weib
Brumsumsel	eine beleidigte Frau

Loas	unverschämtes Mädchen
Zupfgeign	schlampige Frau
Drudschn	dümmliche Frau
Mistbritsch	siehe Britschn
Molln	dümmliche Frau

Allgemeines und spezielles Drohen:

Schau, dass'd Land g'winnst, du Depp!

Ja, Fixlatt'n!

I glaub', dir brennt der Huat.

Wennst iatz koa Ruah gibst, fliagst naus!

Lass di du fei ja ned in mei'm Gäu blicka, sonst fangst a paar.
(Gäu = Revier)

Hoit amoi dei Fotzn!

Schleichdi!

Und wenn alle gegen dich sind:

Ihr Saupreißn, ihr!

... und danach nichts wie weg!

Erster Geo-Zoo der Welt in den Isarauen

Im August 1911 wurde der erste Münchner Tierpark Hellabrunn feierlich eröffnet. Im ersten Geo-Zoo der Welt leben die Tiere ihrer geografischen Verbreitung entsprechend in komplexen Gemeinschaftshaltungen.

Im Landschaftsschutzgebiet der Isarauen eröffnet sich so den kleinen und großen Besuchern des Tierparks die Möglichkeit, eine Weltreise durch die verschiedenen Biotope der Erde anzutreten. Leitmotive des modernen Zoo-Konzepts sind das Wohlbefinden der Tiere in einer sehr natürlich gestalteten Landschaft sowie ein individuelles, persönliches Tier- und Naturschutzerlebnis für den Besucher.

Zeitplan der öffentlichen Fütterungen:

	Montag	Dienstag	Mittwoch
11:00	Pinguine	Pinguine Zebramanguste	Pinguine
11:30	Seelöwen Mähnenrobben	Seelöwen Mähnenrobben	Seelöwen Mähnenrobben
13:00	Tiger		Tiger
14:30	Seelöwen Mähnenrobben	Seelöwen Mähnenrobben	Seelöwen Mähnenrobben
15:00	Wildhunde (Beutesimulator)	Pinguine	Wildhunde (Beutesimulator) Aquarium Pinguine
15:30	Löwe, Jaguar Ozelot		Löwe, Jaguar Ozelo

Im Tierpark Hellabrunn kommt der Besucher den Tieren ganz nah.

Donnerstag	Samstag	Sonntag
Pinguine	Pinguine	Pinguine
Seelöwen Mähnenrobben	Seelöwen Mähnenrobben	Seelöwen Mähnenrobben
Tiger	Tiger	Tiger
Seelöwen Mähnenrobben	Seelöwen Mähnenrobben	Seelöwen Mähnenrobben
Wildhunde (Beutesimulator) Pinguine	Wildhunde (Beutesimulator) Pinguine	Wildhunde (Beutesimulator) Aquarium Pinguine
Löwe, Jaguar Ozelo	Löwe, Jaguar Ozelo	Löwe, Jaguar Ozelo

Lieder über München

Jahr	Interpret	Titel
1972	France Gall	Ich habe einen Freund in München
1977	Bernhard Brink	Ein Hotel bei München
1984	Spider Murphy Gang	No Reggae in Munich
	Spider Murphy Gang	Skandal im Sperrbezirk
1985	Albert West	Munich Night
1985	Falco	Munich Girls
1988	Déjà Vu	Frankie Goes to Munich
1998	Robbie Williams	Rome Munich Rome
2001	Nicky Davis	To Munich
2005	Editors	Munich
2005	Morrissey	Munich Air Disaster 1958
2006	Marsmobil	Munich loves you
2007	Barbara Schöneberger	Zu hässlich für München

Die 25 grössten Parkplätze in München

Parkplatz	Plätze	Kosten – Euro je Stunde
Flughafen Terminal 2	10 800	3,00
Allianz Arena	9 800	3,00 für 2 Std.
Flughafen Terminal 1	9 000	3,00
Flughafen Urlauberparken	5 150	1,00
Messe, Messeparkhaus West	4 700	7,00 für 1 Tag
Musical / Parkharfe	3 850	3,50 für 1 Tag
Riem Arcaden	2 708	1,50
Arabella Park, Bogenhausen	2 031	2,00
M.O.C. Münchner Order Center	1 602	1,10
Dostlerstraße	1 400	3,50 pauschal
Stachus-Einkaufszentrum (P12)	800	3,00
Marsstraße (P22)	700	2,00
Hopfenpost (P24)	587	2,00
BMW Welt	581	1,50 für 90 Min.
Karstadt-Einrichtungshaus Schwanthalerhöhe	570	2,00
An der Theresienwiese	500	2,50 für 2 Std.
Karstadt Bahnhofplatz (P16)	500	3,00
Am Salvatorplatz (P2)	452	3,00
Media Works Munich	450	kostenlos
Tiefgarage vor der Oper (P3)	427	4,00
Rieger-City (P5)	406	2,50
City-Parkhaus am Färbergraben	400	2,50
Oberpollinger (P1)	400	3,00
SeaLife	400	3,50 für 1 Tag
Hacker-SATURN	399	2,50

Münchner Fussball und die Deutsche Meisterschaft

Im Fußball ist München keineswegs nur eine „heimliche" Hauptstadt. In der ganzen Welt kennen die Menschen den FC Bayern, der zu den erfolgreichsten Vereinen der Fußballgeschichte zählt. In München selbst gehört das Bekenntnis zu seinem Fußballverein zu den entscheidenden Glaubensfragen – und da ist der FC Bayern trotz aller Erfolge nicht selbstverständlich erste Wahl. Schließlich gibt es noch den TSV München 1860.

In Freundschaft zugetan sind sich die Fans beider Mannschaften nicht. Ihre Fehde wurzelt tief in der Geschichte der zwei Vereine. Die „60er" bzw. die „Löwen" waren durch ihre sportliche Heimat im Arbeiterstadtteil Giesing schon immer der Arbeiterverein, dagegen galten die Bayern schon früh als der Verein der „Zuagroasten" und „Großkopferten".

Obwohl der Fußball längst ein Teil der Unterhaltungsbranche geworden ist, findet sich dieser grundsätzliche Gegensatz heute in unterschiedlichsten Färbungen beim Selbstverständnis der Anhänger wieder und wirkt zurück auf die Vereinskultur. Ein 60er-Fan sieht seinen Verein etwa heroisch scheitern und verachtet den kühl herausgespielten Erfolg der Bayern. Dabei war es der TSV München 1860, der als erster Münchner Verein 1931 das Endspiel um die Deutsche Meisterschaft erreichte. Doch die Mannschaft verlor das Finale. Dagegen war ein Jahr später Bayern München erfolgreich. Danach begann eine längere Durststrecke, bis 1966 die Löwen den nächsten Deutschen Meistertitel nach München holten. 1969 hieß der Bundesliga-Meister dann FC Bayern München: der Beginn einer einzigartigen Erfolgsgeschichte.

Endspiele um die Deutsche Meisterschaft mit Münchner Beteiligung bis 1933:

Jahr	Finalgegner	Ergebnis
1931	Hertha BSC Berlin – TSV München 1860	3:2
1932	Bayern München – Eintracht Frankfurt	2:0

Fussball-Meister aus München seit Gründung der Bundesliga 1963:

TSV München 1860
1966

Bayern München

1969					
1973	1974				
1981	1985	1986	1987	1989	
1990	1994	1997	1999		
2000	2001	2003	2005	2006	2008

Heiraten in München

Eheschließungen insgesamt	10 960
darunter	
beide Eheschließende mit Hauptwohnsitz in München gemeldet	8 532
davon	
beide Eheschließende Deutsche	3 853
beide Eheschließende ausländische Staatsangehörige	2 001
Ehen mit einem ausländischen Partner	2 678
davon	
Ehemann Ausländer – Ehefrau Deutsche	1 196
Ehefrau Ausländerin – Ehemann Deutscher	1 482

Quellen: Kreisverwaltungsreferat der Stadt München, Statistisches Amt der Landeshauptstadt München; Zahlen von 2006

Münchens Hymne

Als der Wiener Volkssänger und Komponist Carl Lorens (1851–1909) sein Wienerlied „Solang der alte Steffel am Stephansplatz noch steht“ komponierte, hat er sich gewiss nicht träumen können, dass einmal in München aus dem „Steffel“ der „Peter“ werden würde. „Solang der alte Peter“ hieß der Titel des neuen Textes, der sich zusammen mit Lorens' Melodie zur langlebigen Hymne der Stadt München entwickelte. Der Bayerische Rundfunk verwendete 1948 die ersten Takte für sein Pausenzeichen. Den Ton für die letzte Silbe der ersten Zeile ließ man nicht erklingen, um daran zu erinnern, dass die namensgebende Pfarrkirche Sankt Peter im Krieg zerstört worden war. Erst als das Münchner Wahrzeichen im Oktober 1951 wieder aufgebaut war, spielte der Bayerische Rundfunk das Pausenzeichen vollständig.

Der Text von Münchens „Stadthymne“:

„Solang der alte Peter
Am Petersbergerl steht,
Solang die grüne Isar
Durchs Münchner Stadterl geht
Solang da drunt am Platzl
Noch steht das Hofbräuhaus,
Solang stirbt die Gemütlichkeit
bei de Münchner niemals aus,
So lang stirbt die Gemütlichkeit
bei de Münchener niemals aus.“

München im Spielfilm

Eine kleine Auswahl:

In München steht ein Hofbräuhaus, Regie: Siegfried Breuer, BR Deutschland 1952

Zur Sache Schätzchen, Regie: May Spils, BR Deutschland 1967

Die 21 Stunden von München 21 (Originaltitel: 21 Hours at Munich), Regie: Wiliam A. Graham, USA 1976

Wehe, wenn Schwarzenbeck kommt, Regie: May Spils, BR Deutschland 1977/78

Amore, Regie: Klaus Lemke, BR Deutschland 1978

Kehraus, Regie: Gerald Polt, BR Deutschland 1983

Rossini oder Die mörderische Frage, wer mit wem schlief, Regie: Helmut Dietl, Deutschland 1996

Neue Freiheit – keine Jobs, Regie: Herbert Achternbusch, Deutschland 1998

Heute Nacht geht was: 100 Pro, Regie: Simon Verhoeven, Deutschland 2005

München (Originaltitel: Munich), Regie: Steven Spielberg, USA 2005

Shoppen, Regie: Ralf Westhoff, Deutschland 2006

Pornorama, Regie: Marc Rothemund, Deutschland 2007

München im Dokumentarfilm

Abermals nur eine kleine Auswahl:

Halo, München, Regie: Krsto Papic, Jugoslawien 1968

München 1972 – 8 berühmte Regisseure sehen die Spiele der XX. Olympiade, Regie: Arthur Penn, John Schlesinger, Claude Lelouch, Mai Zetterling, Michael Pfleghar, Milos Forman, Kon Ichikawa, Juri Ozerow, BR Deutschland/USA 1973

München – Geschichte einer Stadt, Regie: Jochen Bauer, BR Deutschland 1982

Elf Freunde müsst ihr sein – Die Fußballprofis des FC Bayern München, Regie: Thomas Schadt, Deutschland 1993

München – Geheimnisse einer Stadt, Regie: Michael Althen, Domink Graf, Deutschland 2000

Die Leopoldstraße kills me, Regie: Klaus Lemke, Deutschland 2001

Elf Schwarze müsst ihr sein, Regie: Harald Rumpf, Deutschland 2006

Auf zur Wiesn

Das Oktoberfest in München ist weltweit bekannt. Kein Wunder: Allein im Jahr 2007 berichteten rund 2 400 Journalisten über das Großereignis und 240 Drehgenehmigung für Film, Fernsehen und Internet wurden erteilt.

Hier ein paar weitere Eindrücke von der Wiesn 2007:

Zahl bisher veranstalteter Oktoberfeste	174
Dauer der Wiesn	16 Tage
Zahl der Gäste der Wiesn	6,2 Mio.
Verzehrte Maß Bier	6,7 Mio.
Anstieg des Bierkonsums zwischen 2006 und 2007	+ 10 %
Durchschnittlicher Verzehr von Ochsen pro Tag	6,5
Anstieg des durchschnittlichen Verzehrs von Ochsen pro Tag zwischen 2006 und 2007	+ 9 %
Neue Fahrgeschäfte	Höllenblitz Goldgräbermine Hammerschlag Distel-Autoscooter Gaudischaukel Pemperlprater
Stromverbrauch	2,7 Mio. kWh
Gasverbrauch	200 000 m^3
Wasserverbrauch	105 000 m^3
Größter Anstieg des Ressourcenverbrauchs zwischen 2006 und 2007	Wasser (+ 25 %)
Verschickte Postsendungen durch die Wiesn-Post	70 000
Verlorengegangene Kinder bei der Wiesn-Kinderfundstelle	50

Verlorengegangene Fundstücke beim Wiesn-Fundbüro	4 400
davon	
Kleidungsstücke	1 600
Brillen	250
Gebisse	3

Quelle: Landeshauptstadt München

Auf dem größten Volksfest der Welt findet manches Herz zum anderen.

München – Deutschlands Fernsehserien-Hauptstadt von 1960 bis 1989

Serie	Anzahl der Folgen/Staffeln	Laufzeit	Sender
Funkstreife Isar 12	35 Folgen in 3 Staffeln	1960–1963	ARD
Kommissar Freytag	39 Folgen in 3 Staffeln	1963–1965	Hessischer Rundfunk
Die seltsamen Methoden des Franz Josef Wanninger	52 Folgen in 6 Staffeln	1965–1970	ARD
Polizeiinspektion 1	130 Folgen in 10 Staffeln	1977–1988	ARD
Das Haus mit der Nr. 30	41 Folgen	1977–1979	ARD
Die unsterblichen Methoden des Franz Josef Wanninger	60 Folgen	1978–1982	ARD
SOKO 5113	368 Folgen	seit 1978	ZDF
Familie Meier	32 Folgen	1981–1983	ARD
Monaco Franze	10 Folgen	1982	ARD
Meister Eder und sein Pumuckl	52 Folgen in 2 Staffeln	1982, 1988	ARD
Unsere schönsten Jahre	12 Folgen	1983–1985	ZDF
Die Wiesingers	20 Folgen in 2 Staffeln	1984, 1988	ARD

Lindenstraße	bislang 1 157 Folgen	seit 1985	ARD
Blam!	13 Folgen	1985	ARD
Zeit genug	6 Folgen	1986	ARD
Kir Royal	6 Folgen	1986	ARD
Die Hausmeisterin	23 Folgen in 3 Staffeln	1986–1992	ARD
Zur Freiheit	44 Folgen	1986–1987	ARD
Löwengrube	32 Folgen in 3 Staffeln	1987–1991	ARD
Der Schwammerl-könig	6 Folgen	1988	ARD
Die schnelle Gerdi	6 Folgen	1989	ZDF

Nicht alle zieht es nach Berlin – Münchner Fernsehwelten nach 1990

Serie	Anzahl der Folgen/Staffeln	Laufzeit	Sender
Café Meineid	147 Folgen	1990–2003	ARD
Alle meine Töchter	76 Folgen und 1 Langfolge in 6 Staffeln	1994–1999	ZDF
Zwei Brüder	17 Folgen	1994–2000	ZDF
Solo für Sudmann	12 Folgen	1997	ZDF
Siska	85 Folgen (bis 2007)	1998–2008	ZDF
Sinan Toprak ist der Unbestechliche	16 Folgen in 2 Staffeln	1999–2001	RTL und ORF
Sylvia – Eine Klasse für sich	14 Folgen	1998	Sat.1
Unter Verdacht	bislang 10 Folgen	seit 2002	ZDF
Mit Herz und Handschellen	Pilotfilm und 19 Folgen in 3 Staffeln	2002–2006	Sat.1
Schulmädchen	15 Folgen in 2 Staffeln	2002–2005	RTL
München 7	13 Folgen	2003–2005	ARD
Alles außer Sex	bislang 20 Folgen	seit 2005	ProSieben
Lotta in Love	130 Folgen	2006	ProSieben

Verwirrung in und über München

Rom hat ja in der Welt mehrere Namen (in Italien „Roma“, in englischsprachigen Ländern „Rome“), gleiches gilt zum Beispiel für Florenz („Firenze“, „Florence“) und Köln („Cologne“). Natürlich ist es bei der Weltstadt München nicht anders – die bekanntesten fremdsprachigen Synonyme lauten „Munich“ und „Monaco“. Diese Multilingualität kann nur leider auch böse Verwirrung hervorrufen.

Bemerkenswertes zum Thema Namen und Internationalität gab es nämlich am 8. April 2008 in der Süddeutschen Zeitung zu lesen:

So planten zwei Italienerinnen aus Trient, ihre 14-jährige Nichte vom Zug abzuholen. Diese wollte aus Paris anreisen und hatte als Zielbahnhof „Monaco“ angegeben. Pünktlich nahmen die beiden Tanten am Münchner Hauptbahnhof den Nachtzug aus Paris in Empfang – nur leider nicht ihre Nichte.

Verzweifelt ersuchten die nunmehr aufgelösten Tanten die Bundespolizei um Hilfe, denn – und das ist erstaunlich – die Nichte reiste ohne Handy. Leider konnte auch die für den Grenzübertritt Frankreich – Deutschland zuständige Bundespolizei in Offenburg nicht weiterhelfen.

Die Rettung erfolgte durch die Pariser Freundin des verlorengegangenen Mädchens. Als man sie telefonisch erreichte, konnte sie nämlich die Auskunft geben, die Nichte sei doch in Paris in den Zug gestiegen. Und zwar nach „Monaco“, womit allerdings nicht die bayerische Metropole, sondern das exklusive Fürstentum am Mittelmeer gemeint war.

Somit mussten die beiden Tanten rund 850 Kilometer mit dem Auto von München nach Monaco weiterreisen. Die acht Stunden Fahrt, so lässt uns die SZ wissen, habe den Damen aber gar nichts ausgemacht, da das Kind ja gut angekommen sei.

Bleibt noch die Frage: Was hat das Mädchen rund zehn Stunden am Bahnhof von Monaco gemacht?

Wie empörend! – Affären und Skandale in und um München

Gefährliche Geliebte (1846–1848)	Als Geliebte von König Ludwig I. provoziert Lola Montez die Münchner durch ihr Auftreten. Ihretwegen entlässt der König sogar den Ministerpräsidenten.
Theater-Skandal (1852)	Die Uraufführung von Friedrich Hebbels Trauerspiel „Agnes Bernauer“ am Münchner Hoftheater provoziert Tumulte im Publikum.
Bauland-Affäre (1981, 1988, 1993, 1998)	Über mehrere Jahre wickelt Erich Kiesl, CSU-Landtagsmitglied und Oberbürgermeister von München von 1978 bis 1984, zwielichtige Grundstücksgeschäfte ab. Im „Treuhand-Prozess“ wird er der Falschaussage überführt.
Käseschachtel-Affäre (1998)	Der CSU-Stadtrats-Fraktionschef Gerhard Bletschacher veruntreut als Vorsitzender des gemeinnützigen Vereins „Stille Hilfe Südtirol“ 4,8 Millionen D-Mark, um den Konkurs seiner Pappschachtelfabrik zu verhindern.
Wahlfälscher-Affäre (2003)	In der CSU München wird die Vorstandswahl mit gefälschten Wahllisten und gekauften Stimmen manipuliert.

Stadion-Affäre (2004)	Der Auftrag zum Bau der Allianz-Arena wird zu einem deutlich überhöhten Preis vergeben, weil Karl-Heinz Wildmoser jun., der Sohn des damaligen Präsidenten von TSV München 1860, dem später ausführenden Bauunternehmen gegen Zahlung eines Be stechungsgeldes Informationen über die Ausschreibungsunterlagen verschafft hat.
Gammelfleisch-Skandal (2006)	In den Kühlhäusern des Fleischgroßhändlers Georg Brunner wird verdorbenes Fleisch umettiketiert und weiterverkauft
Schmiergeld-Affäre (2006)	Die Staatsanwaltschaft beginnt Ermittlungen, weil die Siemens AG schwarze Kassen führt, die zu Schmiergeldzahlungen benutzt werden. Mehrere Vorstandsmitglieder sind eingeweiht.

Eine Auswahl der grössten Münchner Biergärten

Augustiner Bräu
Arnulfstraße

Aumeister
im Nordteil des Englischen Gartens

Fasanerie
im Hartmannshofer Park

Gaststätte Flaucher
an der Flaucher-Holzbrücke

Franziskanergarten
in Trudering

Gasthof Hinterbrühl
im Naturschutzgebiet der Isarauen

Hirschau
im Nordteil des Englischen Gartens

Königlicher Hirschgarten
Im Hirschgarten

Löwenbräukeller
in der Maxvorstadt

Biergarten Viktualienmarkt
Viktualienmarkt

Menterschwaige
Isarhochufer

Restaurant am Chinesischen Turm
im Englischen Garten

Salvatorkeller
Nockherberg

Hofbräu
Haidhausen

Michaeli-Garten
im Ostpark

Seehaus
Englischer Garten, am Kleinhesseloher See

Osterwaldgarten
Osterwaldstraße am Englischen Garten

Max Emanuel
Adalbertstraße

Taxisgarten
Taxisstraße

Der Biergarten-Gott

Auch wenn Amor hier nicht auf ein Herz zielt, werden viele Biergartenbesucher der Richtung seines Pfeils gern folgen – notgedrungen.

München wie es lehrt und forscht

Wissenschaftliche Einrichtungen

Ludwig-Maximilians-Universität München (LMU); gegründet 1472 in Ingolstadt, 1802 nach Landshut und von dort 1826 nach München verlegt, eine der neun deutschen Eliteuniversitäten.

Technische Universität München (TUM); gegründet 1868 als Polytechnische Schule München, 1872 um eine landwirtschaftliche Abteilung erweitert, 1930 wurde die Hochschule für Landwirtschaft und Brauerei Weihenstephan eingegliedert. Seit 1970 trägt sie ihren heutigen Namen. Eine der neun deutschen Eliteuniversitäten.

Hochschule für Politik München (HfP); gegründet 1950, bietet sie ein interdisziplinäres Studium der Politikwissenschaft, das in neun Semestern Regelstudienzeit zu dem von der Ludwig-Maximilians-Universität verliehenen akademischen Grad eines Diplomaticus scientiae politicae Universitatis (Dipl. sc. pol. Univ.) führt.

Akademie der Bildenden Künste München; gegründet 1808 als Königliche Akademie der Bildenden Künste, 1946 mit der Kunstgewerbeschule und der Akademie der Angewandten Kunst vereinigt, trägt sie seit 1953 ihren heutigen Namen.

Hochschule für Musik und Theater München; gegründet 1830 als Singschule, wurde sie 1867 auf Anregung Richard Wagners in die Königlich-bayerische Musikschule überführt, welche 1892 zur Staatlichen Akademie der Tonkunst erhoben wurde. 1924 erhielt sie den Namen Hochschule für Musik München, 1946 wurde sie wiedereröffnet. Seit 1998 trägt sie ihren heutigen Namen.

Hochschule für Fernsehen und Film München (HFF München); gegründet 1966 als staatliche Einrichtung zur Ausbildung von Redakteuren, Regisseuren und Drehbuchautoren.

Hochschule für Philosophie München; gegründet 1925 in Pullach, erhielt sie im selben Jahr die Anerkennung als Hochschule für Priesterausbildung. 1932 wurde sie zur Philosophischen Fakultät kanonischen Rechts erhoben, 1971 zog sie nach München um. Träger der Hochschule ist der Jesuitenorden.

Hochschule für angewandte Wissenschaften München; gegründet 1971 durch Zusammenschluss von sieben Ingenieurschulen und Höheren Fachschulen.

Fachhochschule für Oekonomie & Management; private, staatlich anerkannte Fachhochschule mit bundesweiten Studienzentren.

Katholische Stiftungsfachhochschule München; gegründet 1971 aus vier Höheren Fachschulen für Sozialarbeit und Sozialpädagogik. Sie ist eine Fachhochschule in Trägerschaft der katholischen Kirche und hat in Benediktbeuern eine weitere Abteilung.

Fachhochschule für öffentliche Verwaltung und Rechtspflege in Bayern; die verwaltungsinterne Fachhochschule ging aus der Bayerischen Beamtenfachhochschule hervor und bildet Nachwuchsbeamten des gehobenen Dienstes aus.

Universität der Bundeswehr München; gegründet 1973 als Ausbildungsstätte für Offiziere und Offiziersanwärter der Bundeswehr. Die Universität trägt zwar in ihrem Namen die Stadt München, doch befindet sich ihr Sitz im benachbarten Neubiberg. Im Regelfall können nur Angehörige der Bundeswehr an dieser Universität studieren.

Weitere Bildungseinrichtungen

Deutsche Meisterschule für Mode

Munich Business School (MBS) – private, staatlich anerkannte Fachhochschule

AKAD-Privathochschule – private, staatlich anerkannte Hochschule

Ukrainische Freie Universität München (UFU) – private Exil-Universität, deren Sitz nach Aufenthalten in Wien und Prag sich jetzt in München befindet

Euro Business College (EBC) – private, staatlich nicht anerkannte Fachhochschule für den Fachbereich der Betriebswirtschaftslehre

Bayerische Akademie für Werbung und Marketing (BAW) – gegründet 1949 als Ausbildungsinstitut für Berufe in Marketing, Kommunikation, PR und Medien

Bayerische Verwaltungsschule (BVS) mit dem BVS-Bildungszentrum München – Anbieter für Aus- und Fortbildung im staatlichen und kommunalen Bereich in Deutschland

Fachakademie für Augenoptik – Höhere Staatliche Fachschule für Augenoptik

Ausseruniversitäre Forschungseinrichtungen

Max-Planck-Gesellschaft

Zentralverwaltung

Institut für Ausländisches und internationales Sozialrecht

Institut für Geistiges Eigentum, Wettbewerbs- und Steuerrecht

Institut für Physik (Werner-Heisenberg-Institut)

Institut für Psychiatrie

Fraunhofer-Gesellschaft
Zentrale
Patentstelle für die Deutsche Forschung (PST)
Systeme der Kommunikationstechnik (ESK)
Zuverlässigkeit und Mikrointegration – Institutsteil München (IZM-M)

Bundeswehr
Institut für Mikrobiologie der Bundeswehr
Institut für Pharmakologie und Toxikologie der Bundeswehr
Institut für Radiobiologie der Bundeswehr

Institut für Rundfunktechnik (IRT)

Institut für Sozialwissenschaftliche Forschung
(ISF München)

Deutsches Jugendinstitut (DJI)

GSF – Forschungszentrum für Umwelt und Gesundheit

Studieren in München in Zahlen

Studierende	**87 779**
und zwar	
männlich in Prozent	52,1
weiblich in Prozent	47,9
Ausländer/innen in Prozent	15,7
Ludwig-Maximilians-Universität	**44 174**
und zwar	
männlich in Prozent	37,9
weiblich in Prozent	62,1
Ausländer/innen in Prozent	15,4
Technische Universität	**21 904**
und zwar	
männlich in Prozent	68,9
weiblich in Prozent	31,1
Ausländer/innen in Prozent	19,3
Hochschule für angewandte Wissenschaften – FH München	**13 523**
und zwar	
männlich in Prozent	66,1
weiblich in Prozent	33,9
Ausländer/innen in Prozent	14,4

Stand: 31.12.2006
Quelle: muenchen.net

Und wir holen den Pokal …

Im Vereinspokal des deutschen Fußballs haben Münchens Fußballklubs schon früh Geschichte geschrieben. Zunächst hatte 1942 der TSV München 1860 im seit 1935 durchgeführten Wettbewerb Erfolg. Der mit Abstand erfolgreichste Verein in der Geschichte dieses Wettbewerbs aber ist der FC Bayern mit 14 Pokalsiegen (bis 2008).

Jahr	Finalgegner	Ergebnis
1942	TSV München 1860 – FC Schalke 04	2:0
1957	Bayern München – Fortuna Düsseldorf	1:0
1964	TSV München 1860 – Eintracht Frankfurt	2:0
1966	Bayern München – Meidericher SV	4:2
1967	Bayern München – Hamburger SV	4:0
1969	Bayern München – FC Schalke 04	2:1
1971	Bayern München – 1. FC Köln	2:1 n. V.
1982	Bayern München – 1. FC Nürnberg	4:2
1984	Bayern München – Borussia Mönchengladbach	1:1 n. V., 7:6 n. E.
1985	Bayer 05 Uerdingen – FC Bayern München	2:1
1986	FC Bayern München – VfB Stuttgart	5:2
1998	FC Bayern München – MSV Duisburg	2:1
1999	SV Werder Bremen – FC Bayern München	1:1 n. V., 6:5 n. E.
2000	FC Bayern München – SV Werder Bremen	3:0
2003	FC Bayern München – 1. FC Kaiserslautern	3:1
2005	Bayern München – SC Schalke 04	2:1
2006	Bayern München – Eintracht Frankfurt	1:0
2008	Bayern München – Borussia Dortmund	2:1 n. V.

Der Verein gegen betrügerisches Einschenken

Im Gegensatz zum Glas bietet der Steinkrug, in München „Keferloher" genannt, keinen Durchblick. Wo beginnt der Schaum und wo endet das Bier? Das sieht doch ein Gast überhaupt nicht, denkt sich mancher Wirt und vermehrt sein ausgeschenktes Bier auf gar nicht wundersame Weise. Werden die Krüge nicht ganz gefüllt, können einem „Münchner Hirschen" mit seinen 200 Litern schon einmal statt 200 Maß bis zu 280 Maß entnommen werden. Das haben Münchens Biertrinker schon immer gewusst und im Jahr 1899 den „Verband zur Bekämpfung betrügerischen Einschenkens e. V. Sitz München" gegründet. Schon damals versuchten Bierdetektive in den Großgaststätten, Biergärten und auf dem Oktoberfest mit Mess- und Kontrollgeräten dem betrügerischen Einschenken auf die Spur zu kommen. Unter den Nationalsozialisten wurde der Verein dann verboten, und nach dem Krieg dachten die Menschen erst einmal über andere Probleme nach.

Doch die schwarzen Schafe unter den Wirten sterben nie aus, und so gründeten im September 1970 der Volksschauspieler Rudi Scheibengraber und Sigi Eder den „Verein gegen betrügerisches Einschenken e. V." (VGBE). Schon bald nach der Vereinsgründung wurde das tausendste Mitglied aufgenommen. Heute zählt der Verein nahezu 4 000 Mitglieder, die einen Jahresbeitrag von sechs Euro entrichten und damit den Kampf gegen das betrügerische Einschenken unterstützen. Der derzeitige Oberbürgermeister Münchens, Christian Ude, gehört ebenso zu diesen Mitgliedern wie der ehemalige bayerische Ministerpräsident Edmund Stoiber. Doch nicht nur in München sorgt man sich um die Bierkultur. Die Mitglieder kommen heute aus ganz Deutschland und Ländern wie den USA, Kanda, Italien oder Frankreich.

Auch aktuell versteht sich der Verein zunächst als Kontrollinstanz. Ehrenamtliche Prüfer kontrollieren in den Wirtshäusern, ob die Eichstriche durch das Bier erreicht werden, und sind so den Wirten eine ständige Mahnung für ehrliches Geschäftsgebaren. Die Kontrolle selbst folgt einem festgeschriebenen Verfahren. Zunächst wird dem Bierschaum eine Minute Zeit gelassen, sich zu setzen. Danach wird der Flüssigkeitsstand des Bieres gemessen. Darüber hinaus geht es dem Verein aber auch um die Wahrung traditioneller Kultur. So setzt man sich dafür ein, den Volksfestcharakter des Oktoberfestes zu bewahren, und verlangte unlängst zwei zusätzliche Festzelte auf den Wiesn, ein generelles Reservierungsverbot in den Mittelschiffen der Festzelte und die Festlegung einer Preisobergrenze von sechs Euro pro Maß Bier.

Aussichtslos sind solche Forderungen nicht. Schon 1984 konnte der Verein einen Erfolg für sich verbuchen. Auf Betreiben des VGBE löste damals der Glaskrug den steinernen Keferloher ab. Seitdem ist zumindest erst einmal zu sehen, ob die Maß gut oder schlecht eingeschenkt ist. Allerdings hat das die Schankmoral nicht grundsätzlich verbessert. Immer noch bleibt es dem einzelnen Gast überlassen, auf die zu wenig gefüllte Maß hinzuweisen und sich dabei den Unmut der Kellner und Wirte zuzuziehen. Denn der Vorteil auf der Ausschankseite ist beträchtlich. Bereits 0,1 Liter weniger im Maßkrug bescheren den Wiesn-Wirten bei 6 Millionen verkauften Maß einen satten Gewinn von 4,2 Millionen Euro.

Regieren auf Bayerisch

Als Landeshauptstadt des Freistaates Bayern ist München Sitz der bayerischen Landesregierung.

Der bayerische Ministerpräsident regiert aus der Staatskanzlei. Das repräsentative Gebäude wurde zwischen 1990 und 1993 errichtet und war wegen der architektonisch sensiblen Lage am Hofgarten und an der Residenz nicht unumstritten. Ministerpräsident Franz Josef Strauß (CSU) setzte das Bauvorhaben gegen den Willen des Oberbürgermeisters Georg Kronawitter (SPD) sowie zahlreicher Münchner Bürger durch.

Einige Fakten zur Bayerischen Staatskanzlei:

- Das Gebäude ist größer als das Weiße Haus in Washington (D. C.).
- Für den Bau wurden rund 120 Millionen Euro aufgewendet.
- Ursprünglich stand an der Stelle das ehemalige Armeemuseum (erbaut 1906, im Zweiten Weltkrieg zerstört).
- An der Nordseite des Gebäudes sind Säulenreihen aus dem 16. Jahrhundert erhalten.
- Beim Bau der Staatskanzlei wurde ein Brunnenhaus mit Pumpwerk gefunden, das dem klassizistischen Architekten Leo von Klenze (1784–1864) zugeschrieben wird.
- Gekrönt wird der Bau von einer Kuppel in klassizistischem Stil.
- Einen Bezug zu Bayern schafft im Innern die Zirbelstube.

Bayerns Ministerpräsidenten seit 1945

Name	Amtsantritt	Partei
Fritz Schäffer	28. Mai 1945	CSU
Wilhelm Hoegner	28. September 1945	SPD
Hans Ehard	21. Dezember 1946	CSU
Wilhelm Hoegner	14. Dezember 1954	SPD
Hanns Seidel	16. Oktober 1957	CSU
Hans Ehard	26. Januar 1960	CSU
Alfons Goppel	11. Dezember 1962	CSU
Franz Josef Strauß	7. November 1978	CSU
Max Streibl	19. Oktober 1988	CSU
Edmund Stoiber	17. Juni 1993	CSU
Günther Beckstein	9. Oktober 2007	CSU

Zu Füßen der Freitreppe der Bayerischen Staatskanzlei steht ein Reiterdenkmal Ottos von Wittelsbach. Durch den Pfalzgrafen wurden die Wittelsbacher im Jahr 1180 Herzöge von Bayern.

Gebürtige Münchnerinnen

Elisabeth Amalie Eugenie, Prinzessin in Bayern (1837–1898), auch Sisi genannt, Kaiserin von Österreich und Königin von Ungarn

Lina Meittinger (1856–1928), Schauspielerin

Annette Kolb (1870–1967), Schriftstellerin

Therese Giehse (1898–1975), Schauspielerin

Franziska Bilek (1906–1991), Zeichnerin, Karikaturistin, Illustratorin und Schriftstellerin

Erni Singerl (1921–2005), Film- und Theaterschauspielerin

Fini Busch (*1928), Komponistin, Texterin

Margit Schramm (1935–1996), Kammersängerin („Operettenkönigin")

Marianne Koch (*1931), Filmschauspielerin, Ärztin

Nana von Hugo (1936–2001), Designerin und Architektin

Ingeborg Hallstein (*1936), Opernsängerin

Carolin Reiber (*1940), Moderatorin

Hanne Darboven (* 1941), Künstlerin

Heidi Brühl (1942–1991), Sängerin und Schauspielerin

Uschi Obermaier (*1946), Model, Mitglied der Berliner Kommune 1

Antje-Katrin Kühnemann (*1947), Ärztin und Fernsehmoderatorin

Beatrice Richter (*1948), Schauspielerin, Kabarettistin und Entertainerin

Monika Baumgartner (*1951), Volksschauspielerin und Theaterregisseurin

Michaela May, eigentlich Gertraud-Michaela Mittermayr, (*1952), Schauspielerin

Marianne Hartl (*1953), Sängerin (Duo Marianne & Michael)

Constanze Engelbrecht (1955–2000), Schauspielerin

Jutta Speidel (*1954), Film- und Fernsehschauspielerin

Ramona Leiß (*1957), Moderatorin

Ute Willing (*1958), Schauspielerin

Bastienne Schmidt (*1961), Fotografin

Martina Gedeck (*1961), Schauspielerin

Christine Neubauer (*1962), Film- und Fernsehschauspielerin

Marie-Theres Relin (*1966), Schauspielerin

Maria Furtwängler (*1966), Schauspielerin und Ärztin

Barbara Schöneberger (*1974) Fernsehmoderatorin

Gebürtige Münchner

Franz Xaver Gabelsberger (1789–1849), Erfinder des flüchtigen (grafischen oder kursiven) Kurzschriftsystems

Carl Spitzweg (1808–1885), Maler

Ludwig II. (1845–1886), König von Bayern

Richard Strauss (1864–1949), Komponist

Christian Morgenstern (1871–1914), Schriftsteller

Max Scheler (1874–1928), Philosoph und Soziologe

Franz Marc (1880–1916), Maler

Karl Valentin (1882–1948), Komiker

Lion Feuchtwanger (1884–1958), Schriftsteller

Franz Baur (1887–1977), Meteorologe

Wilhelm Hoegner (1887–1980), Politiker, Ministerpräsident von Bayern

Johannes R. Becher (1891–1958), Schriftsteller, verfasste den Text für die Nationalhymne der DDR

Eugen Roth (1895–1976), Schriftsteller

Carl Orff (1895–1982), Komponist

Beppo Brem (1906–1990), Theater- und Filmschauspieler

Klaus Mann (1906–1949), Schriftsteller

Alexander Mitscherlich (1908–1982), Arzt und Psychologe

Golo Mann (1909–1994), Schriftsteller und Historiker

Robert Havemann (1910–1982), Wissenschaftler, DDR-Regimekritiker

Robert Lembke (1913–1989), Journalist, Moderator

Alfred Andersch (1914–1980), Schriftsteller

Franz Josef Strauß (1915–1988), Politiker (CSU)

Curd Jürgens (1915–1982), Schauspieler

Toni Berger (1921–2005), Film- und Theaterschauspieler

Gustl Bayrhammer (1922–1993), Schauspieler

Hugo Strasser (*1922), Orchesterleiter, Komponist

Carl Amery (*1922), Schriftsteller, Publizist, Präsident des PEN-Zentrums

Wolfgang Sawallisch (*1923), Dirigent

Walter Sedlmayr (1926–1990), Film- und Theaterschauspieler

Max Greger (*1926), Orchesterleiter, Komponist, Saxophonist

Rudolf Mößbauer (*1929), Physiker

Franzl Lang (*1930), Sänger, Jodler

Maxl Graf (1933–1996), Schauspieler, Sänger und Moderator

Ali Mitgutsch (*1935) Bilderbuchautor, Illustrator, Grafiker und Maler

Dieter Kronzucker (*1936), Journalist und Autor

Robert Huber (*1937), Chemiker

Claus Hipp (*1938), Unternehmer

Herbert Achternbusch (*1938), Schriftsteller, Regisseur und Schauspieler

Peter Kraus (*1939), Sänger und Schauspieler

Rex Gildo, eigentlich Ludwig Franz Hirtreiter (1939–1999), Schlagersänger

Rudolph Moshammer (1940–2005), Modemacher

Gerhard Polt (*1942), Kabarettist und Schauspieler

Werner Herzog (*1942), Regisseur

Erhard Keller (*1944), Eisschnellläufer

Franz Beckenbauer (*1945), Fußballspieler und Teamchef der deutschen Nationalmannschaft

Ralph Siegel (*1945), Komponist und Musikproduzent

Franz Xaver Kroetz (*1946), Schauspieler und Schriftsteller

Konstantin Wecker (*1947), Sänger und Komponist

Dominik Graf (*1952), Film- und Fernsehregisseur

Udo Wachtveitl (*1958), Schauspieler

Ulrich Noethen (*1959), Schauspieler

Patrick Lindner (*1960), Sänger

Michael „Bully" Herbig (*1968), Komiker, Schauspieler, Autor, Regisseur und Filmproduzent

Moritz Bleibtreu (*1971), Schauspieler

Markus Babbel (*1972), Fußballspieler

Spezielle Münchner Hitparade

Im Jahr 2007 stand an der Spitze der TopTen der Wiesn-Hits „Ein Stern, der deinen Namen trägt“ von DJ Ötzi. Hier ein Auszug der Lieder, die zu den echten Wiesn-Dauerbrennern gehören:

Interpret	Titel
Alfons Bauer & His Hofbräu Entertainers	In München steht ein Hofbräuhaus
Anton feat. DJ Ötzi	Anton aus Tirol
Antonia	Dirndlsong
Buddy	Ab in den Süden 2004
Chris Rabatz	Hände zum Himmel
Cliff Richard	Rote Lippen soll man Küssen
Das Stoakogler Trio	Steirermen san very Good
De Randfichten	Lebt denn dr alte Holzmichl noch?
Dieter Thomas Kuhn	Über den Wolken
Dirndlwahnsinn	Halt a bisserl ... wart a bisserl (Original Wiesn Mix)
DJ Ötzi	Hey Baby
Doris Day	Whatever Will Be, Will Be (Que Sera Sera)
Drafi Deutscher	Marmor, Stein und Eisen bricht
EAV	Küss die Hand, schöne Frau
Geri Halliwell oder Weather Girls	It's Raining Men
Gompie	Who the X is Alice
Guildo Horn & Die Orthopädischen Strümpfe	Mendocino
Henry Valentino	Im Wagen vor mir

Höhner	Wenn nicht jetzt wann dann?
Hubert von Goisern und Die Alpinkatzen	Koa Hiatamadl
Keiler Kalle	Hier kommt Keiler Kalle
Lollies oder Wolfgang Petri	Wahnsinn (... Hölle, Hölle, Hölle)
Los Del Rio	Macarena
Lou Bega	Mambo No. 5
Markus Becker Feat. Mallorca Cowboys	Das rote Pferd
Nena	99 Luftballons
Olaf Henning	Cowboy und Indianer
Opus	Live is Life
Original Nilsen Brothers	Aber Dich gibt's nur einmal für mich
Otto Ebner	Ein Prosit der Gemütlichkeit
Peter Wackel	Ladioo
Reinhard Fendrich	Macho, Macho
Rex Gildo	Fiesta Mexicana
Schnappi	Schnappi, das kleine Krokodil
S.T.S.	Fürstenfeld
Spider Murphy Gang	Skandal im Sperrbezirk
The King	Take Me Home, Country Roads
Tony Christie	Is This The Way To Amarillo
Udo Jürgens	Griechischer Wein
Village People	YMCA
Wolfgang Ambros	Schifoan
Wolfgang Fierek	Resi I hol di mit meim Traktor ab
Wolfgang Petry	7 Tage 7 Nächte
Zillertaler Schürzenjäger	Zillertaler Hochzeitsmarsch

Brotzeit-Rezepte

Die Bayerische Biergartenverordnung legt fest, was in einem Biergarten erlaubt und verboten ist. Die eigene Brotzeit mitzubringen ist seit jeher ein Grundrecht der Gäste. Die Stadt München hat für Touristen sogar eine Liste erstellt, die alles aufführt, was man für eine zünftige bayerische Biergarten-Brotzeit dabeihaben sollte:

- Tischdecke (am besten rot-weiß kariert und aus Stoff – ein blau-weißes Rautenmuster!)
- Holzbrettchen als Unterlage; Besteck und Servietten
- Radi (weißer Rettich) und ein scharfes Messer zum Radischneiden – wenn Sie die Technik des traditionellen Radi-Spiralen-Schneidens nicht beherrschen, können Sie im Handel auch spezielle Radi-Messer erwerben
- Leberkäse (am Stück) oder Wurst
- Allgäuer Emmentaler, Romadur, Limburger oder anderer regionaler Käse
- Salz, Pfeffer, eventuell Senf
- Frische Landbutter
- Schwarzbrot (die Brezn kaufen Sie am besten im Biergarten – dort sind sie frisch und knusprig-lecker)
- Obazda oder andere Brotbeläge wie Tomaten, Radieserl, Griebenschmalz etc.

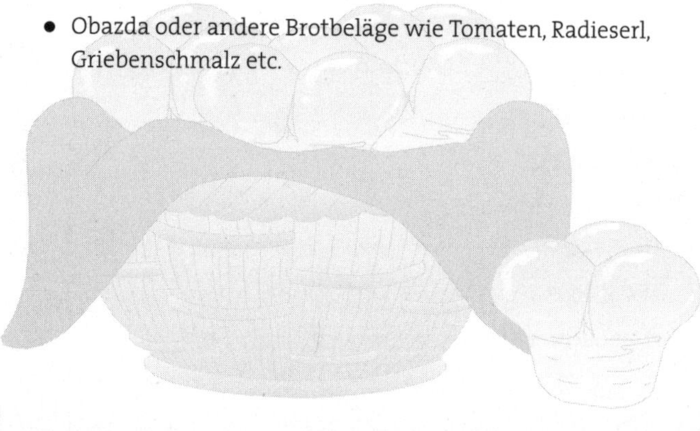

Kinos für Blockbuster und Besonderes

Kino	Bemerkenswertes
ABC	ältestes Kino Schwabings
Apollo und Artemis	Filmkunst
ARRI-Kino	Hightech und modern
Atlantis	Erstaufführungskino
Brodaway	zwei kleinere Säle
Cadillac & Veranda	Namen sind Programm für das Interieur
Cinema	original und anspruchsvoll
City	drei Säle für Unterhaltung mit Anspruch
Eldorado	original und anspruchsvoll
Filmmuseum	Themenreihen sind gefragt
Gloria Palast	das Kino als Zeitreise
Isabella	Kunst und Anspruch
Karlstor	Mainstream
Leopold 1 & 2	Kunst und Anspruch
MaxX	Multiplex am Isartorplatz
Museum Lichtspiele	Rocky Horror ewiglich
Neues Arena	Kunst und Reihen
Neues Atelier	Unterhaltung mit Anspruch
Neues Rottmann	Programmkino
Rio	Unterhaltung mit Anspruch
Royal Filmpalast	viele Säle, aktuelle Filme
Türkendolch	Underground wird auch gezeigt
Theatiner	vom Filmfest geehrt
Werkstattkino	aktuell und auch speziell

München live

Man muss nicht in München sein, um München zu sehen: Das Internet hilft. Webcams beobachten rund um die Uhr das Geschehen an folgenden Orten:

Christkindlmarkt
www.global-christmas.de

Allianz-Arena
www.allianz-arena.de
Während der Spiele des FC Bayern München nicht verfügbar!

BMW-Welt
www.bmw-welt.com

Viktualienmarkt
www.viktualiencam.de

Stachus (Karlsplatz)
www.stachuscam.de

Marienplatz
www.marienplatz-muenchen.de
www.muenchen-tourist.de

Tierpark Hellabrunn
www.zoo-munich.de/livecam.php

Blick vom Olympiaturm
http://t-info.towercam.de/de/index.shtml

3 Kameras mit verschiedenen Perspektiven
www.municam.de

16 Kameras zeigen München
(u. a. Theresienwiese, Passing, Marienplatz)
www.muenchen-online.de/index1.html

München in Zitaten

„München ist sicherlich von allen deutschen Städten die provinzlerischste."
Oskar Maria Graf, Schriftsteller

„Wer behauptet, München sei eine Weltstadt mit Herz, der hat keines."
Oliver Hassencamp, Schriftsteller und Kabarettautor

„Der Chinesische Turm ist der ruhigste Platz von ganz München."
Fredl Fesl, Musiker und Sänger (aus dem Lied „Chinesischer Turm" auf dem Album „Ein Bayrischer Abend")

„Ein früherer Klassenkamerad schreibt mir aus Afrika, wenn man sich in Afrika unglücklich fühle, dann fühle man sich noch zehnmal glücklicher, als wenn man sich in München glücklich fühle."
Frank Wedekind, Schriftsteller (aus dem Schauspiel „Der Marquis von Keith")

„Ich bin arbeitswütig und liebe den Stress. In der Bademodenabteilung eines Münchener Kaufhauses bin ich zusammengebrochen, weil es dort so ruhig war."
Elke Heidenreich, Autorin, Kabarettistin, Moderatorin und Journalistin (im TV-Magazin der Zeitschrift „Stern" vom 11. Mai 2006)

„In München sind Lederhose und Laptop eine Symbiose eingegangen."
Roman Herzog, Bundespräsident (1994–1999)

„München ist die Diva unter den deutschen Metropolen. Keine andere Großstadt ist so selbstverliebt und setzt sich so gerne in Szene."
Joseph von Westphalen, Schriftsteller

„München ist nun mal die Weltstadt mit dem großen Flair."
Jürgen Klinsmann, Fußballspieler und -trainer

Harte Fakten zum Münchner Flughafen

Für viele Menschen sind Flughäfen Orte der Sehnsucht. Andere hasten durch Terminals, um rechtzeitig zur Maschine und damit zu ihrem Geschäftstermin zu kommen. Und wieder andere verteufeln den Flugverkehr, der die Luft verschmutzt und unerträglich laut wird, wenn man ihm zu nahe kommt.

Der Franz-Josef-Strauß-Flughafen in München wurde am 17. Mai 1992 eröffnet. Der international auch als „MUC" bekannte Airport liegt 28,5 Kilometer nordöstlich vom Stadtzentrum entfernt. Insgesamt verfügt der Flughafen über 1 560 Hektar, davon 925 Hektar Grünfläche (ca. 60 Prozent des Gesamtgeländes).

Mit beispielhaft rund 30 800 Flugbewegungen allein im Januar 2007 ist im Luftraum über München ganz schön was los. Dabei fing alles so beschaulich an: 1950 verzeichnete der Flughafen München gerade einmal 5,3 Tausend Flugbewegungen pro Jahr (2007: 431,8 Tausend). Transportiert werden mussten lediglich 0,1 Million Passagiere – heute fliegt das Vielfache an Menschen über MUC: Tendenz steigend.

	2007
Airlines	106
Länder	73
Ziele	244
Ziele im Inland	19
Ziele in Europa	164
Ziele außerhalb von Europa	61
Flugbewegungen (in 1 000)	431,8
Geflogene Luftfracht (in 1 000 t)	251,1
Transportierte Luftpost (in 1 000 t)	14,5
Passagieraufkommen (in Mio.)	33,9
Umsteigeranteil (in %)	35

Quelle: Flughafen München

Futuristisches Flair

Gewiss wünschten sich viele Reisende, auch im Flugzeug so viel Platz zu haben, wie ihn der Flughafen München auf dem Boden bietet.

Kreatives Arbeiten in München

In Deutschland arbeiten in Berlin, München und dem Köln-Bonner Raum die meisten Menschen festangestellt in kreativen Berufen. Wenn man die drei Regionen miteinander vergleicht, so verfügt Köln-Bonn über die meisten bildenden sowie darstellenden Künstler und Grafiker. Es folgt die Hauptstadtregion und dann die Region München. Die Region Berlin beschäftigt die meisten Musiker, Fotografen und Bibliothekare, Archivare und Museumsfachleute. Da Berlin der größte Universitätsstandort Deutschlands ist, arbeiten dort auch die meisten Hochschullehrer und Dozenten.

Berufsgruppen	Region Berlin	Region München	Region Köln/Bonn
Architekten, Bauingenieure	8 101	4 443	5 965
Artisten, Berufssportler, künstlerische Hilfsberufe	797	918	870
Bibliothekare, Archivare, Museumsfachleute	4 864	2 340	2 608
Bildende Künstler, Grafiker	2 224	2 079	3 159
Darstellende Künstler	2 435	1 149	2 866
Gartenarchitekten	762	341	424
Hochschullehrer, Dozenten	8 440	6 471	2 577
Künstlerische und zugeordnete Berufe	4 040	3 027	3 706
Musiker	1 459	925	996
Photographen	871	771	779
Publizisten	6 324	5 175	6 738
Sozialversicherungspflichtig Beschäftigte insgesamt	1 372 707	1 073 435	1 013 041

Quelle: München. Der Wirtschaftsstandort. Veröffentlichung des Referates für Arbeit und Wirtschaft

Erfundene Münchner Verbrechen aus Mainz

Seit 1969 erleben Fernsehzuschauer am Freitagabend im ZDF regelmäßig, wie vor allem das Leben der eher besser gestellten Münchner von Mord und Totschlag in Mitleidenschaft gezogen wird. Ob beim „Kommissar", bei „Derrick", bei „Der Alte" oder bei „Siska" – stets verbergen sich in Grünwalder Villen hinter der Arroganz und Unnahbarkeit ihrer Bewohner Abgründe von Eifersucht, Neid und Hass. Und auch eins ist gewiss: Der Täter wird spätestens nach sechzig Minuten entlarvt.

Die Serien und ihre Ermittler

Der Kommissar (1969–1976, 97 Folgen)
Kommissar Herbert Keller: Erik Ode

Derrick (1974–1998, 281 Folgen)
Oberinspektor Stephan Derrick: Horst Tappert

Der Alte (seit 1977, bislang mehr als 330 Folgen)
Kriminalhauptkommissar Erwin Köster: Siegfried Lowitz (1977–1985)
Kriminalhauptkommissar Leo Kress: Rolf Schimpf (1986–2007)
Kriminalhauptkommissar Rolf Herzog: Walter Kreye (seit 2008)

Siska (seit 1998, bislang mehr als 85 Folgen)
Kriminalhauptkommissar Peter Siska: Peter Kremer (1998–2004)
Kriminalhauptkommissar Viktor Siska: Wolfgang Maria Bauer (seit 2004)

Wie soll das Kind bloss heissen?

Hier die Top 30 der Münchner Lieblingsnamen für Neugeborene 2007:

Rang	Mädchen	Anzahl	Jungen	Anzahl
1	Marie	462	Maximilian	479
2	Sophie	436	Alexander	298
3	Maria	405	Felix	233
4	Anna	272	Paul	226
5	Sophia	204	David	184
6	Katharina	200	Lukas	157
7	Johanna	174	Julian	156
8	Laura	142	Jakob	151
9	Charlotte	139	Johannes	149
10	Elisabeth	137	Leon	149
11	Julia	130	Luis	146
12	Sarah	129	Sebastian	144
13	Emilia	127	Simon	141
14	Lena	126	Philipp	137
15	Emma	115	Michael	136
16	Antonia	114	Elias	134
17	Franziska	108	Moritz	134
18	Magdalena	106	Benjamin	126
19	Lara	101	Luca	125

20	Hannah	100	Daniel	117
21	Clara	96	Fabian	107
22	Luisa	96	Florian	107
23	Theresa	94	Vincent	105
24	Helena	91	Julius	104
25	Amelie	86	Valentin	104
26	Mia	83	Niklas	102
27	Victoria	83	Benedikt	101
28	Lisa	81	Tobias	101
29	Leonie	80	Christian	100
30	Marlene	79	Jonas	100

Quelle: Landeshauptstadt München, Kreisverwaltungsreferat

Fasching in München

Auch wenn München eine lange Faschingstradition besitzt, ist das Fest in der Stadt längst nicht so gegenwärtig und populär wie weiter nördlich der rheinische Karneval. Zwar feiert man während Faschingssonntag, Rosenmontag und Faschingsdienstag auch auf den Straßen rund um den Marienplatz: Einen Faschingsumzug gibt es aber erst seit 2006 wieder. Nach über 35 Jahren wurde die alte Tradition durch den Faschingsverein der „Damischen Ritter" wiederbelebt.

Dagegen ist der „Tanz der Marktweiber" auch über die Stadtgrenzen hinaus ein Begriff. Wenn sich die Feiernden am Faschingsdienstag auf dem Viktualienmarkt treffen, erwartet sie ein Höhepunkt des Münchner Faschings. Dann arbeiten die Marktfrauen nicht, sondern tanzen auf der Bühne im Biergarten Choreografien, die monatelang einstudiert wurden.

Wirklich populär ist der Fasching in München vor allem als Faschingsfest im Saal. Während dieser riesigen Feiern sehen die Gäste nicht Künstlern bei ihrem Programm zu, sondern es wird zur Musik von Livebands getanzt. Über 700 Veranstaltungen stehen in der Faschingszeit in den Kalendern. Manche dieser Feste haben eine jahrzehntelange Tradition. So wurde schon 1897 im Deutschen Theater zum ersten Mal ein Maskenball veranstaltet. Ausrichter war die „Münchner Karnevalsgesellschaft", aus der später die „Narrhalla" hervorging.

Berühmte Münchner Faschingsbälle

Faschingsball im Deutschen Theater
Ball der Damischen Ritter im Löwenbräukeller
Weiße Feste in der Max-Emanuel-Brauerei
Chrysanthemenball im Bayerischen Hof
Ball der Silbernen Rose im Deutschen Theater
Kaiserball im Großen Ballsaal des Internationalen Congress Centers München

Kaufkräftige Münchner

Wenn ein Münchner einkauft, kann er im Durchschnitt mehr Geld ausgeben als der Rest der Republik. Als Gründe für die hohe Kaufkraft gelten die niedrige Arbeitslosigkeit, das hohe Lohnniveau und die gegenüber anderen Städten überdurchschnittlich große Zahl der hochqualifizierten Arbeitskräfte.

Der Städtevergleich zeigt München im Jahr 2007 bei der durchschnittlichen Kaufkraft seiner Bewohner weit vorn:

Stadt	Durchschnittliche Kaufkraft in Euro
München	24 674
Düsseldorf	21 754
Stuttgart	20 499
Frankfurt am Main	20 199
Köln	19 876
Hamburg	19 255
Dresden	16 584
Berlin	16 508

Quelle: IHK München

Einkaufen für Wählerische

Bayern
Servus Heimat
Brunnstraße 3

Brillen
Bartholomä
Schellingstraße 13

Comics
Comic Company
Fraunhoferstraße 21

Feinkost
Dallmayr
Dienerstraße 14

Hörbücher
Parzival
Breisacherstraße 15

Hunde – was man für sie braucht
Fiffi Couture
Türkenstraße 63

Hüte
Eisenblätter Triska
Hans-Sachs-Straße 35

Indianer – Waren und Kultur
Indianer Wigwam
Gabelsbergerstraße 69

Jonglage
Pappnase
Kreuzstraße 21

Klosterware
Gutes aus Klöstern
Tatenbachstraße 20

Korsetts – maßgeschneidert
Corsetterie
Sprunerstraße 11

Kriminalromane
glatteis – die Kriminalbuchhandlung
Corneliusstraße 31

Mode – aus den 20ern bis zu den 60ern
Frau Zsa Zsa
Schellingstraße 68

Nippes – (meist) nutzlos und dekorativ
Schuldenberg
Münchner Freiheit (in der Unterführung zur U-Bahn)

Papier und Papierprodukte
Papierwerkstatt
Kirchenstraße 5

Porzellan – zum selbst- bemalen
Porzellan & Pinselstrich
Sedanstraße 18

Schallplatten und CDs – alles außer Mainstream
Echt Optimal
Kolosseumstraße 6

Schokolade
Schokoko
Eisenmannstraße 4

Schuhe
Schuhsalon Sauro
Fürstenfeldstraße 13

Trachten – etwas anders
Lollipop & Alpenrock
Tal 27

Whisky
Whisk(e)y Shop Tara
Rindermarkt 16

Zahnbürsten
Zahnbürste
Frauenstraße 17

Herausragende Gebäude

Olympiaturm	291 m
Kamin des Heizkraftwerks Süd	175 m
Uptown München	146 m
Highlight Munich Business Tower I und II	126 m und 113 m
Verwaltungsgebäude der HypoVereinsbank	114 m
Sendeturm Blutenburgstraße	102 m
BMW-Gebäude, Dostlerstraße	101 m
Kamin des Heizkraftwerks Freimann	100 m
Dom Zu Unserer Lieben Frau (Nordturm)	99 m
Kirche St. Paul (Turm)	97 m
Kirche Heilig Kreuz Giesing (Turm)	95 m
Mariahilfkirche (Turm)	92 m
Kirche St. Peter „Alter Peter" (Turm)	91 m
Kirche St. Johann Baptist Haidhausen (Turm)	91 m
Messeturm	86 m
Seniorenwohnsitz Westpark	86 m
Am Münchner Tor (ohne Aufbau)	85 m
Munich City Tower (ohne Antenne)	85 m
Rathausturm	80 m

Famoser Blick bei Föhn

Wer in München hoch hinaus will, den trägt der Besucherlift des Olympiaturms in etwa 30 Sekunden zur Aussichtsplattform in 190 Metern Höhe. Dort eröffnet sich ein einzigartiger Blick auf München und das Umland bis hin zu den Alpen.

Vorreiter München

1447/ Die Münchner Bierbrauordnung schreibt vor, dass
1453 Bier ausschließlich mit Gerste, Hopfen und Wasser hergestellt werden darf. Die Brauordnung ist Vorläufer des Bayerischen Reinheitsgebotes von 1516 und damit das früheste bekannte Nahrungsmittelgesetz.

1455 Der erste deutsche Kalender erscheint in München.

1781 Im Cuvilliés-Theater wird am 29. Januar Wolfgang Amadeus Mozarts Oper „Idomeneo" uraufgefürt.

1815 Joseph von Baader erhält das erste Patent des deutschen Eisenbahnwesens.

1860 Der Münchner Arzt Alfred Vogel veröffentlicht das erste Lehrbuch der Kinderkrankheiten in deutscher Sprache.

1874 In München wird erstmals der gesamte, aus vier Opern bestehende Zyklus „Der Ring des Nibelungen" von Richard Wagner aufgeführt.

1883 Als erstes deutsches Theater wird das Residenztheater elektrisch beleuchtet.

1893 Der „Schneeschuhverein München" wird gegründet. Es ist der älteste noch bestehende Ski-Klub Deutschlands.

1896 Die Zeitschrift „Die Jugend" erscheint zum ersten Mal. Sie gibt dem Jugendstil seinen Namen.

1896 Im Residenztheater richtet Karl Lautenschläger die erste Drehbühne der westlichen Welt ein.

1899 Das erste Autokennzeichen der Welt wird in München vergeben.

1901 Die „Elf Scharfrichter", das erste literarische Kabarett Deutschlands, wird eröffnet.

1902 Gabriel von Seidl gründet mit dem „Isartalverein" den ersten Umweltschutzverband Deutschlands und rettet damit das Flußtal südlich der Stadt vor Bodenspekulation und Bebauung.

1903 Die Frauenbewegung erzielt in München einen Achtungserfolg: An der Universität können sich Studentinnen ohne jegliche Beschränkung immatrikulieren.

1909 Das erste voll selbstständige Telefon-Wählamt Europas wird in Betrieb genommen.

1924 Die Münchner Bergsteiger Willo Welzenbach und Fritz Riegele bezwingen erstmals die 400 Meter hohe Nordwestwand des Großen Wiesbachhorns und verwenden dabei zum ersten Mal Eishaken beim Eisklettern.

1949 Der erste frequenzmodulierte UKW-Sender Europas strahlt von München-Freimann aus.

1953 Dem Münchner Hermann Buhl gelingt die Erstbesteigung des 8 125 Meter hohen Nanga Parbat im westlichen Himalaya.

1958 Der erste bundesdeutsche Atomreaktor nimmt seinen Forschungsbetrieb auf: das sogenannte „Atom-Ei" in Garching bei München.

1959 Die Professoren Rudolf Zenker und Werner Klinner führen die erste Herztransplantation in Deutschland durch.

1970 Gerd Müller, Mittelstürmer des FC Bayern München, wird als erster deutscher Fußballspieler zu Europas Fußballer des Jahres gewählt.

1971 Das erste McDonald's-Restaurant Deutschlands öffnet am 4. Dezember im Münchner Stadtteil Giesing seine Türen.

1975 Deutschlands erster Frauenbuchladen wird eröffnet.

1977 Am 9. Februar stellt die Stadtsparkasse den ersten Geldautomaten der Bundesrepublik Deutschland vor.

1992 Mit dem Franz-Josef-Strauß-Flughafen wird der erste deutsche Großflughafen mit zwei getrennt zu betreibenden Startbahnen in Betrieb genommen.

2003 Als erste deutsche Großstadt stellt München seine EDV auf Linux und freie Software um.

Schick-schick …

„Schickeria" oder „Bussi-Gesellschaft" – ein sehr Münchnerischer Begriff. Bewegte Bilder von der Münchner Schickeria malten zum Beispiel die Fernsehserien „Kir Royal" und „Monaco Franze" oder der Spielfilm „Rossini". Besungen wurde die Schickeria auch schon, etwa von der Spider Murphy Gang oder von Reinhard Fendrich.

Ohne Zweifel hatte die Schickeria – vor allem im Münchner Stadtteil Schwabing – in den 1980er-Jahren ihre Glanzzeit. Zu den legendären Größen der echten Münchner Schickeria zählten der Modeschöpfer Rudolph „Mosi" Moshammer, der sich mit seinem extravaganten Auftreten den bayerischen Märchenkönig Ludwig II. zum Vorbild nahm, oder der Münchner Playboy James Grasser. Ihm haftet die Legende an, dass er im Hotel „Bayerischer Hof" im Bademantel mit der Frage auftauchte: „San Hasen da?" Andere bekannte Namen der Schickeria: Konsul Hans-Hermann Weyer, das „Busenwunder" Barbara Valentin, der „Schnorrerkönig" Poldi Waraschitz sowie die Gastronomen Putzi Holenia und Gerd Käfer.

Lange Zeit war „Kay's Bistro" am Viktualienmarkt ein Treffpunkt der Schickeria, heute sieht man sich – und andere – zum Beispiel in der Promi-Disko „P1". Aber, so liest man immer wieder, die Zeiten haben sich geändert. Die Urgesteine gibt es nicht mehr, nur mal Uschi Glas oder Olli Kahn hier und da, aber keine Skandale, keine Legenden, wie sie vor zwanzig oder dreißig Jahren das Schickeria-Bild prägten.

Society-Friseure, Society-Chirurgen oder Society-Events gibt es in der Stars-und-Sternchen-Stadt aber immer noch und immer wieder. Nicht unerwähnt bleiben darf in diesem Zusammenhang natürlich auch die Promi- und Klatschpresse: BUNTE, Abendzeitung und Co. haben es nicht weit von ihren Redaktionen zu den Orten des Geschehens.

Die Bevölkerungsentwicklung in München seit 1900

Innerhalb eines Jahrhunderts hat sich die Bevölkerung in München fast verdreifacht. Zur „Millionenstadt" wurde München erstmals Anfang der 1960er-Jahre:

Jahr	Insgesamt	männlich	weiblich	Deutsche	Ausländer
1900[1]	499 932	243 762	256 170		
1925[1]	680 704	318 761	361 943	660 016	20 688
1933[1]	735 388	339 611	395 777	720 198	15 190
1950[1]	831 937	383 984	447 953	798 442	33 495
1961[1]	1 085 014	501 290	583 724	1 010 659	74 355
1965	1 214 603	575 947	638 656	1 107 091	107 512
1970	1 311 978	628 256	683 722	1 130 644	181 334
1972	1 338 924	654 660	684 264	1 138 183	200 741
1974	1 323 434	642 178	681 256	1 097 831	225 603
1976	1 314 572	635 150	679 422	1 092 441	222 131
1978	1 296 970	623 968	673 002	1 086 729	210 241
1980	1 298 941	628 621	670 320	1 078 735	220 206
1982	1 287 080	620 705	666 375	1 075 014	212 066
1984	1 277 369	614 114	663 255	1 074 966	202 403
1986	1 291 396	620 316	671 080	1 080 606	210 790
1988	1 263 187	604 817	658 370	1 065 239	197 948
1990	1 277 576	615 410	662 166	1 063 991	213 585
1992	1 320 634	643 727	676 907	1 056 027	264 607
1994	1 323 624	644 562	679 062	1 043 082	280 542
1996	1 321 557	643 039	678 518	1 035 470	286 087
1998	1 298 537	629 845	668 692	1 036 987	261 550
2000[2]	1 247 934	603 034	644 900	965 786	282 148
2002	1 264 309	612 031	652 278	975 046	289 263
2004	1 273 186	616 441	656 745	979 800	293 386
2006	1 326 206	642 859	683 347	1 021 761	304 445

Quelle: Statistisches Amt der Landeshauptstadt München
[1] Volkszählungsergebnisse, [2] ab 2000 Einwohnermelderegister mit Hauptwohnsitz

Circus Krone

Der größte Zirkus Europas kommt aus München: Dort hat der „Circus Krone" sein Stammhaus und unterhält eine Wintermanege mit 3 000 Sitzplätzen. Im Gebäude befinden sich neben der Manege auch eine Sattlerei, eine Schneiderei, Stallungen, Büros und Werkstätten.

Wenn Circus Krone im Sommer auf Tournee geht:

Platzbedarf der größten rollenden Circusstadt Europas	30 000 m^2
Beschäftigte	ca. 440
Tiere	ca. 250
Wohn-, Pack- und Gerätewagen	330
Spielzelt	5 000 Sitzplätze
Eingangsfassade des Circus-Krone-Zeltes	Zwei Spezial-Lastwagen, 12 m lang, 28 t schwer. Die montierte Frontfassade wird aufgeklappt und mittels Hydraulik auf eine Höhe von 12 m ausgefahren.
Die Circusstadt umfasst	Stallungen Stromaggregat mit 400 KW Leistung Circusschule Betriebsfeuerwehr Betriebsküche Elektrizitäts- und Wasserversorgung Müllabfuhr Bauplanung und -abwicklung Pressebüro Sattlerei Schneiderei Büros

Im Winter 2007/2008 gab es drei Programme mit folgenden Künstlern:

Artisten	Darbietung	Nationalität
Truppe Bingo	Akrobatik-Melange	Ukraine
Wolfgang Lauenburger	Hunde	Deutschland
Ludmilla	Luftring	Russland
Karl 3 D	Diabolos	Deutschland
James Puydebois	Elefanten	Frankreich
Pieric	Clownerie	Frankreich
Truppe Khaylafov	Hohe Perche	Russland
Martin Lacey jun.	Löwen	England
Dimitri	Strapaten	Russland
Anja Beran und Nicole Ciroth	Hohe Schule mit Ballerina	Deutschland
Conuelo Reyes	Antipoden	Spanien
Truppe Rokashkov	Romantik am Reck	Russland
Familie Casselly	Andalusische Reiterspiele	Deutschland
Val de Fun	Clownerie	Ukraine
Valentina	Seelöwen-Schule	Schweiz
Rejean St. Jules	Jonglagen	Kanada
Rene und Alexia Casselly	Elefanten	Deutschland
Elayne Kramer	Schlangenfrau mit Pfeil und Bogen	Mexiko
Crazy Wilson	Todesrad	Kolumbien
Jason Peters	Löwen	England
Trio Martinis	Musical-Entree	Spanien, Frankreich

Artisten	Darbietung	Nationalität
Sheyang Acrobatic Troupe	Säbelbalancen an Tüchern	China
Die Alexis-Brothers	Kraftakrobatik	Portugal
Truppe Nikulin	Plüschhunde	Russland
Gipsy Gomez	Hula-Hoop	Australien
Nina Cortes	Seiltanz	Schweiz
Flying Warriors	Flugreck mit Trapez	China
Carmen Zander	Tigerdressurschule	Deutschland
Duo Mingalev	Trapez-Tanz	Russland
André und Frisco	Clownerie	Schweiz, Frankreich
Semen Krashinov	Action-Jongleur	Russland
Wolf's Art	Einrad-Artistik	China

Spezialitäten der Münchner Küche

Abgebräunte Milzwurst
Auszogne
Aufgeschmalzene Brotsuppe
Bayrisch Creme
Bayrische Krautwickerl
Bierkutschergulasch
Blunzn (Blutwurst)
Blutwurstgröstl
Breznsuppe
Brotzeitteller
Dampfnudeln
Fleischpflanzerl
Gschwollene
Kalbslüngerl
Kutteln
Leberkäs mit Spiegelei
Leberknödelsuppe
Leberspätzlesuppe
Maultaschensuppe
Münchner Wurstsalat
O'batzter
Oxnaug (Spiegelei)
Presssack
Schwammerl (mit Semmelknödeln)
Schweinsbraten
Schweinshaxn
Schweinswürstl auf Sauerkraut
Spanferkel
Surhaxe
Tafelspitz

Die Weisswurst – von der Geburt eines kulinarischen Klassikers

Über den Ursprung traditioneller Speisen werden gern blumige Legenden gesponnen. Die Weißwurst macht da keine Ausnahme. Gemäß der populärsten Geschichte wurde die Weißwurst aus der Not heraus geboren. Sepp Moser, seines Zeichens Wirt des Gasthauses „Zum ewigen Licht" am Münchner Marienplatz, bemerkte danach am 22. Februar 1857, dem Rosenmontag des Jahres, dass ihm die Schafsdärme für die Kalbsbratwürstchen ausgegangen waren. Im Schankraum warteten schon hungrig die Gäste. Also schickte er seinen Lehrling los, der aber mit Schweinedärmen zurückkam. Um Bratwürste herzustellen, sind diese zu groß und zu fest. Dennoch füllte Moser sie mit der vorhandenen Fleischmasse. Dann brühte er sie in heißem Wasser und tischte sie als besonderes Essen auf. Den erstaunten Gästen schmeckte die Wurst ausgezeichnet.

Eine Münchner Weißwurst besteht aus Kalbfleisch, Schweinerückenspeck und gekochter Schweineschwarte. Hinzu kommen je nach Rezept Petersilie, Zitronenschale, Macis und Zwiebeln. Manche Metzger geben Ingwer und Kardamom hinzu. Noch immer hört man manchmal die alte Regel, dass Weißwürste das Mittagsläuten um 12 Uhr nicht hören dürfen: Man sollte sie vorher gegessen haben. Die mangelnden Kühlmöglichkeiten in früheren Zeiten sind ein Grund für diese Regel. Heute gibt es keinerlei Beschränkungen beim Weißwurstverkauf. Die Weißwürste werden traditionell mit süßem Senf serviert. Dazu noch eine Brezel und ein Weißbier, und alles ist gut.

Aber Achtung! Wer den Darm mitisst, erweist sich als unwissender „Zuageroaster". Eine Weißwurst wird vom Kenner „gezuzelt". Und das geht so: Der Inhalt wird mit den Zähnen aus dem Darm gezogen. Man kann die Weißwurst aber auch auf dem Teller längs halbieren und den Inhalt mit dem Besteck genießen.

Bis zum Mittagsläuten verspeisen!

Nach bayerischem Brauch darf die Weißwurst das Mittagsläuten um 12 Uhr nicht hören – heute wird das nicht mehr ganz so streng gesehen.

Unter Sternen speisen

Geschmäcker sind bekanntlich verschieden – auch und gerade beim Essen. Im Jahr 2008 schmeckte es den Restaurant-Testern des Guide Michelin (und zahlreichen anderen) in München besonders gut bei:

Restaurant	Chefkoch
Tantris Johann-Fichte-Straße 7	Hans Haas
Acquarello Mühlbaurstraße 36	Mario Gamba
Mark's Mandarin Oriental Neuturmstraße 1	Mario Corti
Schuhbeck's in den Südtiroler Stuben Platzl 6 + 8	Patrick Raaß
Dallmayr Dienerstraße 14	Diethard Urbansky
Terrine Amalienstraße 89	Jacob Stüttgen
Königshof Karlsplatz 25	Martin Fauster

Ehrenbürger von München

Seit 1818 besitzt der Magistrat (Stadtrat) von München die Befugnis, das Ehrenbürgerrecht an Persönlichkeiten zu verleihen, die sich in hohem Maße um das Wohl der Stadt verdient gemacht haben. Die Verleihung erfolgt durch Beschluss der Vollversammlung des Stadtrats in nicht öffentlicher Sitzung. Die Namen der Ehrenbürger werden auf den Ehrentafeln im Oberen Foyer des Alten Rathauses eingetragen.

Dort finden sich folgende Persönlichkeiten:

Georg Friedrich Freiherr von Zentner (1752–1835), Königlicher Reichsrat, Staatsminister

Joseph Ritter von Fraunhofer (1787–1826), Königlicher Professor und Konservator

Ludwig Fürst von Oettingen-Wallerstein (1791–1870), Königlicher Staatsminister

Leo von Klenze (1784–1864), Königlicher Kämmerer, Geheimer Rat, Hofbau-Intendant

Justus Freiherr von Liebig (1803–1873), Königlicher Geheimer Rat, Universitätsprofessor

Ludwig von der Tann-Rathsamhausen (1815–1881), Königlicher General der Infanterie

Max von Pettenkofer (1818–1901), Königlicher Geheimer Rat, Universitätsprofessor

Johann Nepomuk von Nussbaum (1829–1890), Königlicher Geheimer Rat, Generalstabsarzt, Universitätsprofessor

Adolf Graf von Schack (1815–1894), Schriftsteller

Franz Lachner (1803–1890), Generalmusikdirektor

Franz Xaver Ritter von Gietl (1803–1888), Königlicher Geheimer Rat, Leibarzt, Universitätsprofessor, Oberarzt

Wilhelm Ritter von Gümbel (1823–1898), Königlicher Oberbergdirektor

Hermann Ritter von Lingg (1820–1905), Schriftsteller

Helmuth Graf von Moltke (1800–1891), Generalfeldmarschall

Sigmund Heinrich Freiherr von Pfeufer (1824–1894), Königlicher Regierungspräsident von Oberbayern

Otto Fürst von Bismarck (1815–1898), Herzog von Lauenburg, Reichskanzler

Hugo von Ziemssen (1829–1902), Königlicher Geheimer Rat, Universitätsprofessor, Direktor des Städtischen allgemeinen Krankenhauses

Emil Freiherr von Riedel (1832–1906), Königlicher Staatsminister

Maximilian Freiherr von Feilitzsch (1834–1913), Königlicher Staatsminister

Franz von Defregger (1835–1921), Kunstmaler, Professor an der Akademie der bildenden Künste

Ferdinand Graf von Zeppelin (1838–1917), General der Kavallerie

Karl Theodor (1839–1909), Herzog in Bayern

Paul von Heyse (1830–1914), Schriftsteller

Ferdinand Freiherr von Miller (1842–1929), Reichsrat, Akademiedirektor

Karl Theodor von Heigel (1842–1915), Königlicher Geheimer Rat, Präsident der Akademie der Wissenschaften

Gabriel von Seidl (1848–1913), Architekt und Professor

Wilhelm Ritter von Borscht (1857–1919), Königlicher Geheimer Rat, Rechtskundiger 1. Bürgermeister

Georg von Hauberrisser (1841–1922), Professor, Architekt, Ehrenmitglied der Akademie der bildenden Künste

Richard Strauss (1864–1949), Professor, Generalmusikdirektor, Komponist

Friedrich Ritter von Müller (1858–1941), Geheimer Rat, Universitätsprofessor, Direktor des Städtischen Krankenhauses links der Isar

Oskar von Miller (1855–1934), Geheimer Baurat

Eduard Schmid (1861–1933), Ehrenamtlicher 1. Bürgermeister und Stadtrat

Hans Meiser (1881–1956), Landesbischof

Michael von Faulhaber (1869–1952), Kardinal und Erzbischof

Thomas Wimmer (1887–1964), Oberbürgermeister

Wilhelm Hoegner (1887–1980), Bayerischer Ministerpräsident

Hans Ehard (1887–1980), Bayerischer Ministerpräsident

Hans Knappertsbusch (1888–1965), Generalmusikdirektor

Alfons Goppel (1905–1991), Bayerischer Ministerpräsident

Hans-Jochen Vogel (*1926), Altoberbürgermeister

Carl Orff (1895–1982), Komponist

Werner Egk (1901–1983), Komponist

Franz Josef Strauß (1915–1988), Bayerischer Ministerpräsident

Adolf Butenandt (1903–1995), Nobelpreisträger für Chemie

Sergiu Celibidache (1912–1996), Generalmusikdirektor

Georg Kronawitter (*1928), Altoberbürgermeister

Hildegard Hamm-Brücher (*1921), Staatsministerin a. D.

Charlotte Knobloch (*1932), Präsidentin des Zentralrats der Juden

Otto Meitinger (*1927), Alterspräsident der Technischen Universität

Hans-Peter Dürr (*1929), Alternativer Nobelpreis 1987, Friedensnobelpreis 1995 (als Mitglied der Pugwash-Gruppe), ehemaliger geschäftsführender Direktor des Max-Planck-Instituts für Physik

Hurra, hurra ... – noch ein besonderer Münchner!

Es begann mit einem klebrigen Leimtopf – daran hing der Klabauternachfahre **Pumuckl** eines Tages fest und wurde so für den Münchner Schreinermeister Eder sichtbar. Mehr zum Thema Zeichentrick vermischt mit Realität:

Name	Pumuckl
Beruf	Kobold, Schauspieler, Kinderstar
Besondere Kennzeichen	Rote Haare, gelbes T-Shirt, grüne Hose. Eigentlich nur für einen einzigen Menschen sichtbar (und später auch für die Zuschauer). Zeichentrickfigur. Klabauternachfahre (Selbstauskunft)
Geschlecht	Umstritten
Geburtsjahr	1961
Geburtsstätte	Hörspiel (für den Bayerischen Rundfunk)
Mutter	Ellis Kaut
Herbergs-/Ziehvater	Meister Eder
Wohnort	Schreinerei in München (Altstadt-Lehel)

Erster Auftritt mit Haut und Haar	1982 im Spielfilm „Meister Eder und sein Pumuckl"
Paraderolle und Durchbruch	1982–1988 in der Fernsehserie „Meister Eder und sein Pumuckl" (Bayerischer Rundfunk, ARD)
Weitere öffentliche Auftritte	„Pumuckl und der blaue Klabauter" (Spielfilm, 1994) „Pumuckl TV" (Fernsehsendung, 1995–2007, ARD) „Pumuckls Abenteuer" (Fernsehserie, 1995, Kinderkanal) „Pumuckl und sein Zirkusabenteuer" (Spielfilm, 2003)
Übersetzung aus der Klabautersprache (Synchronisation)	Hans Clarin
Meister Eder, wie ihn jeder kennt	Gustl Bayrhammer
Klabauterspuren	„Meister Eder und sein Pumuckl" (Musical, München) „Pumuckl" (Restaurant, München) Pumuckl-Brunnen (München) Pumuckl-Briefmarke

Surfin' ... Munich

Atlantik? – Fehlanzeige in der bayerischen Landeshauptstadt. Aber es gibt ja den Eisbach und die Floßlände, wo immerhin bereits die Munich Surf Open stattfanden.

Die „Eisbach-Welle" im Englischen Garten ist weit über Bayerns Landesgrenzen hinaus bekannt. Der Fluss ist als Nebenarm der Isar nur zwei Kilometer lang, bringt aber eben diese fulminante Welle hervor. Das Schauspiel wird künstlich erzeugt, indem das Wasser aus einem Tunnel vierzig Zentimeter oberhalb der Schwelle schießt und sich zu einer Welle auftürmt.

Surfen in München ist hier möglich, aber offiziell wegen Unfallgefahr verboten. Das freilich hält keinen wirklich ab, wie auch Münchens Oberbürgermeister Christian Ude im Januar 2008 in der Süddeutschen Zeitung feststellte. Alteingesessene Surfer erinnern sich an die Zeiten, als man Löcher in die Wiese des Ufers grub, um bei Bedarf die Bretter vor der Polizei zu verstecken.

Zum Thema Eisbach haben sich Interessengemeinschaften gebildet, Foren gegründet und es wurden Petitionen geschrieben. Es ist davon auszugehen, dass Verbote und Unfälle auch weiterhin keinen waschechten Surfer in München davon abhalten werden, auf der perfekten Welle zu reiten.

Die perfekte Welle

Die Welle am Eisbach am Rande des Englischen Gartens neben dem Haus der Kunst lockt Surfer und Schaulustige gleichermaßen.

München – die Museenstadt

Die großen und kleineren Museen Münchens ziehen jährlich viele Tausende Besucher an.

Museum	Hauptsammelgebiete[1]	Besucher 2004	2005	2006
Deutsches Museum – Museumsinsel	T (S)	1 062 499	1 081 029	947 958
Schloss Nymphenburg (Gesamtbereich)	B (K)	560 050	556 610	567 598
Pinakothek der Moderne	K	629 084	393 102	370 366
Residenzmuseum	B, K, S	161 737	187 158	311 929
Alte Pinakothek	K	269 382	207 955	272 646
Schatzkammer der Residenz	K (S)	113 957	118 651	261 330
Haus der Kunst	K	190 678	214 755	238 742
Museum Mensch und Natur	N	230 475	219 944	188 644
Städtische Galerie im Lenbachhaus	K	269 649	399 115	174 034
Neue Pinakothek	K	254 629	237 235	152 592
Glyptothek	P (K)	180 500	121 000	119 217
Verkehrszentrum Deutsches Museum	T	43 084	47 494	108 467[3]
Bayerisches Nationalmuseum	K, H, S, P	104 544	141 616	107 030
Münchner Stadtmuseum	H, K, S	89 735	111 597	104 983

Archäologische Staatssammlung	P	48 785	58 310	90 417
Staatliches Museum für Völkerkunde	S	51 619	65 499	74 292
Staatliche Antikensammlungen	P (K)	53 000	28 000	49 922
Staatliches Museum Ägyptischer Kunst	K (P)	59 583	48 861	49 348
Deutsches Jagdmuseum	S	48 700	42 582	43 767
Cuvilliés-Theater	B (K)	27 198	15 388[2]	–
Schackgalerie	K	15 562	8 395	7 075
Staatliche Münzsammlung	S	3 333	3 287	4 310

Quellen: Jeweilige Museen und Sammlungen
Statistisches Amt der Landeshauptstadt München

[1] Hauptsammelgebiet(e): B = Schlossmuseum mit typischem Schlossinventar; H = Heimatkunde/Volkskunde; P = Archäologie, politische Historie/Zeitgeschichte, Militaria; K = Kunst/Kunsthandwerk, kirchliche Kunst, Film, Fotografie; N = Naturkunde; T = Naturwissenschaft und Technik; S = Völkerkunde, kulturgeschichtliche Spezialsammlungen.

[2] Wegen Renovierung seit August 2005 geschlossen.

[3] Erhöhte Besucherzahl wegen Eröffnung weiterer Hallen im Oktober 2006.

Das Münchner Telefonbuch einmal anders

Es bewahrheitet sich immer wieder: Die Perspektive macht's! Deshalb werfen wir an dieser Stelle einen Blick ins Münchner Telefonbuch – und sind erstaunt, wie facettenreich die Welt der Nachnamen doch ist:

Tiere im Telefonbuch

(nach Treffern)

Wolf	786
Fuchs	686
Vogel	388
Bär	98
Wurm	60
Maus	20
Löwe	19
Hund	13
Käfer	12
Katze	1

Schmackhaftes aus dem Telefonbuch

(nach Treffern)

Fisch	27
Apfel	12
Leber	7
Kraut	7
Wurst	2
Knödel	2
Butter	1

Pack die Badehose ein!

Im Jahr 1901 öffnete in München mit dem Müllerschen Volksbad ein wahrer Badetempel seine Pforten: Der imposante Jugendstilbau war bei seiner Fertigstellung das teuerste Schwimmbad der Welt. Wer dagegen den Nervenkitzel liebt, der kann sich im Olympiabad vom Zehnmeterturm stürzen.

Im Sommer aber wollen alle ins Freie. Die Münchner Seen bieten viele Möglichkeiten, an der frischen Luft ins Wasser zu springen:

Deininger Weiher
Fasanerie See
Feldmochinger See
Feringasee
Heimstettener See
Langwieder See
Lerchenauer See
Lußsee
Maria-Einsiedel-Bad
Regatta Anlage
Regattapark See
Riemer See
Steinsee
Waldschwaigsee

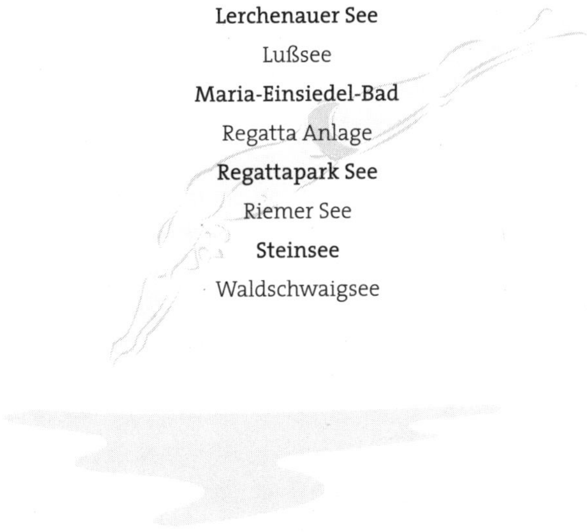

Münchner Veranstaltungskalender

Nicht nur im Rahmen folgender Veranstaltungen wurde und wird in München gefeiert, getanzt, bestaunt oder getrunken:

Dreimal im Jahr Mariahilfplatz	**Jahrmarktveranstaltung Auer Dult**
Februar/März Nockherberg	**Derblecken und Beginn der Starkbierzeit („Münchner 5. Jahreszeit")**
April Nationaltheater	**Ballettfestwoche**
April Theresienwiese	**Münchner Frühlingsfest**
April/Mai Gasteig, Prinzregenten-theater, Muffathalle	**Münchner Biennale**
Juni Gasteig sowie weitere Kinos	**Filmfest München**
Juni/Juli	**Brockkonzerte im Schloss Schleißheim**
Juni/Juli Olympiapark Süd	**Tollwood-Sommerfestival**
Juni/Juli Nationaltheater	**Opernfestspiele 2008**
Juli Parade sowie diverse Veranstaltungen	**Christopher Street Day**

Juli	**Klassik am Odeonsplatz – Open Air**
Juli Königsplatz	**Kino Open Air**
Juli Hirschgarten	**Magdalenenfest**
Juli Gasteig, verschiedene Veranstaltungsorte	**Bell'Arte**
Juli/August Westpark	**Kino, Mond & Sterne**
Juli/August Olympiapark	**Theatron Musiksommer**
August Coubertinplatz	**Sommerfest im Olympiapark**
August Mariahilfplatz	**Jakobidult**
September/Oktober Theresienwiese	**Oktoberfest**
Oktober/November diverse Veranstaltungsorte	**DANCE**

Unvergessliche Sprüche von Münchner Fussballspielern

„Kaiserslautern wird mit Sicherheit nicht ins blinde Messer laufen."

„Ich sehe nach wie vor große Möglichkeiten, das Achtelfinale nicht zu erreichen."

„Wir sollten nicht alles ins Korn schmeißen."

„Das Einzige, was sich in der ersten Halbzeit bewegt hat, war der Wind."
Franz Beckenbauer

„Wenn der Mann in Schwarz pfeift, kann der Schiedsrichter auch nichts mehr ändern."
Andreas Brehme

„Ich habe nur immer meinen Finger in Wunden gelegt, die sonst unter den Tisch gekehrt worden wären."
Paul Breitner

„Ich habe gleich gemerkt, das ist ein Druckschmerz, wenn man drauf drückt."
Lothar Matthäus

„Für junge Spieler ist es wichtig, dass sie auch mal Licht am Ende des Tunnels schnuppern."
Karl-Heinz Rummenigge

„Ich werde nie Golf spielen. Erstens ist das für mich kein Sport, und zweitens habe ich noch Sex."
Mehmet Scholl

Spielen und singen – Münchner Bühnen

Bayerisches Staatsballett

Bayerische Staatsoper (Nationaltheater)

Cuvilliés-Theater

Deutsches Theater

Galli Theater

Komödie im Bayerischen Hof

Münchner Kammerspiele

Münchner Volkstheater

Oberanger Theater

Prinzregententheater

Residenztheater

Schauburg (Theater der Jugend)

Staatstheater am Gärtnerplatz

Theater in der Au

Theater für Kinder

die Bühnenflöhe

Forum 2

Marionettentheater

Otto Bille's Marionettenbühne

Puppentheatermuseum

Theater für Kinder

Tom Patrick und die Isarwichtl

Volksbühnen

Bayerisches Volkskunsttheater

Bühne im Hirschgarten

Bürgertheater

d'Pasinger Bühne

Dramatischer Club Alpenröserl

Heimatbühne Obergiesing

Georg Maier's Iberl Bühne

Laimer Brett'l

Ludwigsbühne

Ludwig Thoma Theater

Millionendorf Theater

Münchner Volkssänger-Bühne

Münchner Vorstadtbrett'l

Schwabinger Volkstheater

Sendlinger Komödienbrett'l

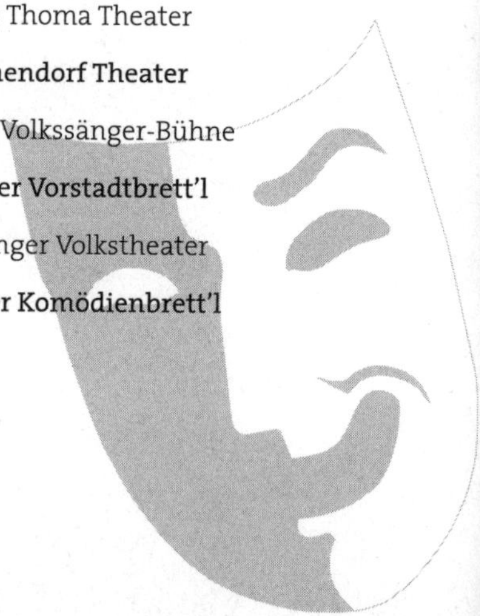

Tempel der Opernkunst

Eines der renommiertesten Opernhäuser der Welt: die Bayerische Staatsoper im Nationaltheater am Max-Joseph-Platz

Souvenirs, Souvenirs ...

Original Hofbräuhaus-Kronenkorken mit magnetischer Rückseite	3,00 Euro
Tragetasche mit Aufdruck „München mag dich“	5,00 Euro
Bayerische Tischfahne	5,95 Euro
Schlüsselanhänger mit Oktoberfestlogo	6,00 Euro
Wiesn-Wastl – mit Kordelband zur Befestigung, 21 cm	8,00 Euro
Berghut mit blinkendem Gamsbart	12,00 Euro
Cap München Tarnstil	12,90 Euro
Aloisius Engel, sprechend – der berühmte Münchner im Himmel als Plüschfigur, ca. 18 cm	16,95 Euro
Schnupftabak Geschenkkarton, enthält: 1 Porzellanfläschchen gefüllt mit Schmalzler Doppelaroma 1 Taschentuch 1 Dose OZONA Snuff 1 Dose Gletscherprise Snuff	19,95 Euro
Gamsbart 12,5 cm mit Grandl (Schmuckstein aus Eckzähnen des Rotwilds)	23,90 Euro
Offizieller 1-Liter-Oktoberfestkrug mit Deckel, 2007	27,90 Euro
Reliefkrug München mit Spitzdeckel	55,00 Euro
Mandy – das Kultdirndl. Kurzdirndl mit Stickereien, traditionellen Knöpfen in Gelb, Grün oder Pink	99,00 Euro
Jagdlederhose – Wanderkniebundhose Bockleder	240,00 Euro

Exklusives Übernachten

München bietet viele luxuriöse Hotels, in denen sich der Besucher die Übernachtung etwas kosten lassen kann. Die Einzelzimmerpreise in den unten angeführten Häusern beginnen bei 150 Euro für die Nacht und können bei 400 Euro enden. Die Doppelzimmerpreise liegen zwischen 180 und 600 Euro. Wer es ganz exklusiv möchte, mietet eine Suite und bezahlt dafür bis zu 8 000 Euro die Nacht.

Alpen Hotel, Adolph-Kolping-Straße 14

angelo Designhotel, Leuchtenbergring 20

ASAM – Ihr Stadthotel in München, Josephspitalstraße 3

Bayerischer Hof, Promenadenplatz 2

Hilton Munich City Hotel, Rosenheimer Straße 15

Hotel Carmen, Hansastraße 146

Hotel Exquisit, Pettenkoferstraße 3

Hotel Königshof, Karlsplatz 25

Hotel Opera, St.-Anna-Straße 10

Hotel Prinzregent am Friedensengel,
Ismaninger Straße 42–44

Kempinski Hotel Vier Jahreszeiten, Maximilianstraße 17

Mandarin Oriental, Neuturmstraße 1

Hotel München Palace, Trogerstr. 21

Lachen und schiessen

München – das bedeutet auch Kabarett vom Feinsten. Die Münchner Lach- und Schießgesellschaft wurde 1956 gegründet. Mit dem politischen Kabarett aus Bayerns Landeshauptstadt verbinden sich deutschlandweit bekannte Namen wie die der Gründer Sammy Drechsel und Dieter Hildebrandt. Im Jahr 1987 traten im Münchner Residenztheater die Kabarettisten der Dresdner Herkuleskeule gemeinsam mit der Münchner Lach- und Schießgesellschaft auf: Es war der erste Auftritt eines westdeutschen und eines DDR-Kabaretts.

Programme der Münchner Lach- und Schiessgesellschaft

Denn sie müssen nicht was sie tun (Premiere 1956)

Bette sich wer kann (1957)

Im gleichen Schrott und Trott

Eine kleine Machtmusik (1958)

Warten auf Niveau (1959)

Der Widerspänstigen Lähmung (1959)

Tour de Trance (1960)

Wähl den, der lügt (1961)

Überleben Sie mal (1962)

Halt die Presse (1963)

Krisen-Slalom (1964)

Schuld abladen verboten (1965)

Die Pharisäer proben den Notstand (1966)

Kleiner machen Leute (1967)

Der Moor ist uns noch was schuldig (1968)

Von Menschen mit Mäusen (1969)

Wir werden uns schon schaffen (1970)

Abel verpflichtet (1971)

Der Abfall Bayerns (1972)

Rosa Pleiten (1976)

Im Namen der Direktion (1977)

Im Jahre 9 (1978)

Deutsch für Anfänger (1979)

High-Land (1980)

Umzingelt (1981)

Wir werden weniger (1982)

Pinks an die Macht (1983)

Auf Nummer sicher (1984)

Jugend raus (1985)

Mustermann (1986)

Wir setzen uns ab (1987)

Schuld sind immer wir andern (1988)

Fracksausen (1989)

Altes oder nichts (1990)

Alle Ächtung (1991)

Reich ins Heim (1992)

Requiem für einen Wurstel (1993)

Als Verwählte Grüßen (1994)

Seife im Hirn (1995)

Verrückt bleiben Türen schließen (1996)

Die Polka-Krise (1997)

Das vertanzt sich (1998)

Deutsch mit Schuss (1999)

Schöner Denken (2002)

Jenseits von Oz (2004)

Abgehängt (2005)

Verlängert (2006)

Orte der Stille

Laut dem Münchner Amt für Statistik waren Ende 2006 rund 39,4 Prozent der Einwohner römisch-katholisch (522 769 Gläubige) und 14,3 Prozent evangelisch (189 199 Gläubige).

In den Sakralbauten der Stadt kann man den Trubel Münchens schnell vergessen. Selbst die touristisch bedeutsamen Orte bieten Gelegenheit für Momente der Ruhe und Besinnung:

Dom zu Unserer Lieben Frau

Dreifaltigkeitskirche

Heilig-Geist-Kirche

Heilig-Kreuz-Kirche

Salvatorkirche

St. Johann Nepomuk – Asamkirche

St. Kajetan – Theatinerkirche

St. Ludwig

St. Lukas

St. Matthäus

St. Maximilian

St. Michael

St. Paul

St. Peter

Patrona Bavariae – Schutzpatronin Bayerns

Die Mariensäule auf dem Marienplatz, eingerahmt von den Türmen der Frauenkirche. Die Gottesmutter Maria wird als Schutzheilige Bayerns verehrt.

München ohne Magnetschwebebahn

Der Transrapid ist eine in der Bundesrepublik Deutschland für den Hochgeschwindigkeitsverkehr entwickelte Magnetschwebebahn, für die bereits 1934 die technischen Grundlagen geschaffen wurden. Zuerst sollte er zwischen Hamburg und Berlin fahren, dann in Nordrhein-Westfalen und Bayern. Zur ersten – und bislang einzigen – kommerziellen Anwendung des deutschen Systems kam es jedoch letztlich auf der Transrapid-Strecke in Shanghai.

Und im Transrapid-Pionierland? Als erstes scheiterte das Projekt Hamburg – Berlin, dann die Metrorapid-Strecke im Ruhrgebiet und schließlich wurde im März 2008 auch das Vorhaben aufgegeben, eine Transrapid-Strecke zwischen dem Flughafen Münchner und dem Münchner Hauptbahnhof zu errichten. Zuvor war die Kostenprognose für das umstrittene Prestigeprojekt von 1,85 auf 3,4 Milliarden Euro gestiegen.

Auch wenn es in München keine Magnetschwebebahn geben wird: In Erinnerung bleiben wird die inzwischen legendäre Transrapid-Rede des damaligen bayerischen Ministerpräsidenten Edmund Stoiber auf dem Neujahrs-Empfang der CSU in München Anfang 2002:

„... Wenn Sie vom Hauptbahnhof in München mit zehn Minuten, ohne dass Sie am Flughafen noch einchecken müssen, dann starten Sie im Grunde genommen am Flughafen am ... am Hauptbahnhof in München starten Sie Ihren Flug ...“

Frisierte Werbung

Wer sich beim Thema Frisur als kreativ erweist, zeigt auch bei der Namengebung seines Salons oft gern Erfindungsreichtum. Hier einige Beispiele aus München:

Adrenalin the art of hair design
A little piece of heaven
Bester Friseur
Contrast Club
Cutting Crew
Die Haarküche
Die Haarmeister
golden hair
Haarscharf
Hair Society
Magic Hair
Mata Hari
Mein wunderbarer Waschsalon
Merci my Hair
Modern Heads
New Hair
Open Hair Haarstudio
Pony Club
Querschnitt
Spiegelbild
Superlocke
Tempel of Hair
Tête à porter
Tom's haarige Hexerei Friseurbetrieb
Traumfriseur
vanitas.hair
von HAIR nach HAIR

Gedrucktes aus München

München zählt weltweit zu den wichtigsten Verlagsstandorten. 234 Buchverlage veröffentlichen hier jährlich rund 15 000 Titel. Zu den größten Münchner Verlagshäusern gehören Hubert Burda Media, Süddeutscher Verlag und Random House (Bertelsmann Buch), Langenscheidt, Pieper, Hanser und C. H. Beck. Neben den großen Häusern kommt literarische Vielfalt aus München aber auch aus kleineren Verlagen: Nischen finden mit ihrem anspruchsvollen Programm zum Beispiel der Antje Kunstmann Verlag oder die Verlagsbuchhandlung Liebeskind.

Täglich oder wöchentlich können interessierte Leser in München (und darüber hinaus) außerdem folgende Zeitungen lesen:

Zeitung	Wo?	Was?
Süddeutsche Zeitung	überregional	Tageszeitung
Münchner Merkur	überregional	Tageszeitung
tz	überregional	Tageszeitung
Abendzeitung	überregional	Tageszeitung
Münchner Wochenanzeiger	regional	wöchentliche Stadtteilzeitung/ Anzeigenblatt
Aktuelle Meldungen lesen	regional	wöchentliche Stadtteilzeitung/ Anzeigenblatt
Münchner Samstagsblatt	regional	wöchentliche Stadtteilzeitung/ Anzeigenblatt
Bogenhauser Anzeiger	regional	wöchentliche Stadtteilzeitung/ Anzeigenblatt

Haidhausener Anzeiger	regional	wöchentliche Stadtteilzeitung/ Anzeigenblatt
Moosacher Anzeiger	regional	wöchentliche Stadtteilzeitung/ Anzeigenblatt
Münchener Nord-Rundschau	regional	wöchentliche Stadtteilzeitung/ Anzeigenblatt
Münchner Wochenblatt	regional	wöchentliche Stadtteilzeitung/ Anzeigenblatt
Münchner Zentrum	regional	wöchentliche Stadtteilzeitung/ Anzeigenblatt
Schwabinger Seiten	regional	wöchentliche Stadtteilzeitung/ Anzeigenblatt
Sendlinger Anzeiger	regional	wöchentliche Stadtteilzeitung/ Anzeigenblatt
Südost-Kurier	regional	wöchentliche Stadtteilzeitung/ Anzeigenblatt
Werbe-Spiegel	regional	wöchentliche Stadtteilzeitung/ Anzeigenblatt

Münchens Schwestern

Nach dem Zweiten Weltkrieg avancierte die Städtepartnerschaft zu einem Mittel der Annäherung und Verständigung zwischen den Völkern. Die „Schwestern“ von München sind:

Edinburgh (Großbritannien)	seit 1954
Verona (Italien)	seit 17. März 1960
Bordeaux (Frankreich)	seit 30. Mai 1964
Sapporo (Japan)	seit 28. August 1972
Cincinnati (USA)	seit 18. September 1989
Kiew (Ukraine)	seit 6. Oktober 1989
Harare (Simbabwe)	seit 1. April 1996

München hört Radio

Öffentlich-rechtliche landesweite Radioprogramme

B5 Aktuell
Bayern 1
Bayern 2
Bayern 3
Bayern 4 Klassik

Private bundesweite Radioprogramme

Radio Melodie

Private landesweite Radioprogramme

Antenne Bayern
BLR (Mantelprogramm Lokalradios)
Rock Antenne

Private lokale Radioprogramme

BE4 Classic Rock
Charivari 95,5
Energy 93,3
Nova Radio
Radio 2 Day
Radio Deluxe – Listen and Relax
Radio Gong 96,3

Nicht-kommerzielle lokale Radioprogramme

Lora München
M94,5 – Münchener AFK-Radio
Radio Feierwerk München

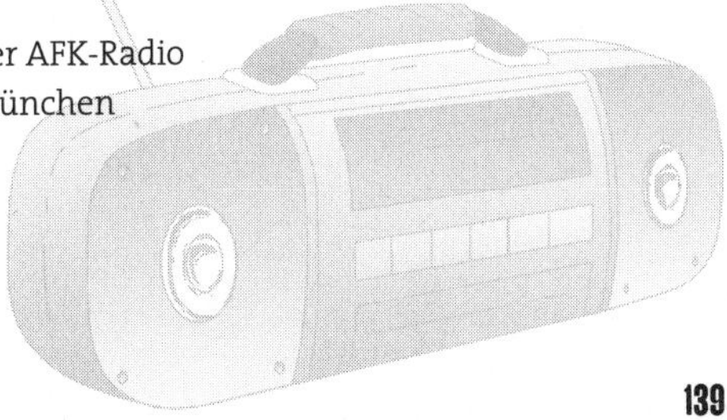

Aussichtspunkte in München

Luitpoldpark, Schuttberg

Olympiaberg
Blick auf nordöstliche Stadtviertel

Prinzregententerasse am Friedensengel
Blick auf Prinzregentenstraße und die
Türme der Altstadt

Kopf der Bavaria an der Theresienwiese

Maximilianeum am Isarhochufer

Monopteros im Englischen Garten
Blick auf Altstadt mit Turmsilhouette

Turm an der Petrikirche

Turm an der Frauenkirche

Olympiaturm mit Restaurant

Neues Rathaus

München – himmlische Aussichten

Der 85 Meter hohe Turm des Neuen Rathauses am Marienplatz birgt das fünftgrößte Glockenspiel Europas. Es ertönte erstmals im Jahr 1908 und stellt Szenen aus der Stadtgeschichte dar.

Herzattacke beim Gegentor

In einer Anfang 2008 veröffentlichten Studie kamen Mediziner vom Münchner Universitätsklinikum Großhadern zu dem wahre Fans kaum überraschenden Ergebnis, dass bei wichtigen Fußballspielen die Zahl schwerer Herzprobleme unter den Zuschauern dramatisch ansteigt.

Die Mediziner hatten die Einsatzprotokolle von 24 Notarztstationen im Großraum München während der Fußballweltmeisterschaft 2006 analysiert und mit weniger aufregenden Zeiträumen vor und nach der Weltmeisterschaft verglichen. Wenn die deutsche Nationalmannschaft spielte, erlitten die Fans häufiger Herzinfarkte und Herzrhythmusstörungen als in den Zeiten ohne Fußballspiele. 3,3-mal so viele Männer und 1,8-mal so viele Frauen riefen den Notarzt zu Hilfe.

Das Endergebnis der Partie hatte dabei kaum Einfluss auf die Gefährdung der Menschen: Entscheidend war die Intensität der Aufregung während des Spiels. Die Herzattacken waren bei allen Spielen der deutschen Nationalmannschaft gleich verteilt. Nur das Spiel um Platz 3 gegen Portugal verursachte weniger Aufregung. Am häufigsten wurde der Notarzt alarmiert während des Viertelfinalspiels gegen Argentinien, das erst im Elfmeterschießen entschieden wurde.

Begraben in München

Alter Südfriedhof

Jakob Bauer (1838–1854) – 1. Bürgermeister

Josef von Fraunhofer (1787–1826) – Erfinder und Konstrukteur

Franz Xaver Gabelsberger (1789–1849) – Erfinder

Wilhelm von Kaulbach (1805–1874) – Historienmaler

Justus Freiherr von Liebig (1803–1873) – Chemiker und Naturforscher

Georg Simon Ohm (1789–1854) – Physiker

Carl Spitzweg (1808–1885) – Maler

Bogenhausener Friedhof

Rainer Werner Fassbinder (1945–1982) – Regisseur, Filmemacher

Helmut Fischer (1926–1997) – Schauspieler

Oskar-Maria Graf (1894–1967) – Schriftsteller

Karlstadt Liesl d.i. Wellano Elisabeth (1882–1960) – Volksschauspielerin, Komikerin

Erich Kästner (1899–1974) – Schriftsteller

Annette Kolb (1870–1967) – Schriftstellerin

Siegfried Lowitz (1914–1999) – Schauspieler

Hans Schweikart (1895–1975) – Regisseur, Schauspieler

Walter Sedlmayr (1926–1990) – Schauspieler

Geza von Cziffra (1900–1989) – Filmregisseur

Lou van Burg (1917–1986) – Showmaster

Ute Mora-Lindert (1939–2003) – Schauspielerin

Neuhausen

Oskar von Miller (1855–1934) – Geheimer Baurat, Gründer des Deutschen Museums in München

Sigi Sommer (1914–1996) – Redakteur, Kolumnist

Nordfriedhof

Peter-Paul Althaus (1892–1969) – Dichter, Kabarettist

Gert Bastian (1923–1992) – Brigadegeneral bis 1980, Symbolfigur der westdeutschen Friedensbewegung

Beppo Brem (1905–1990) – Volksschauspieler

Sammy Drechsel (1925–1986) – Sportreporter, Kabarettist („Lach- und Schießgesellschaft")

Constanze Engelbrecht (1950–2000) – Schauspielerin

Klaus Havenstein (1922–1998) – Kabarettist, Schauspieler, Moderator

Trude Hesterberg (1892–1967) – Kabarettistin

Kathi Kobus (1854–1929) – Wirtin des Simplicissimus

Carl-Heinz Schroth (1902–1989) – Schauspieler

Nymphenburg

Eugen Roth (1895–1976) – Schriftsteller, Lyriker, Humorist

Bernhard Wicki (1919–2000) – Regisseur

Ostfriedhof

Rudi Brunnenmeier (1941–2003) – Fußballer beim TSV 1860 München

Rex Gildo, eigtl. Ludwig Hirtreiter (1936–1999) – Schlagersänger

Adolf Gondrell (1902–1954) – Schauspieler, Kabarettist, Conferencier

Friedrich Holländer (1896–1976) – Komponist

Peter Kreuder (1905–1981) – Komponist

Klaus Löwitsch (1936–2002) – Schauspieler

Barbara Valentin, eigtl. Uschi Ledersteger (1940–2002) – Schauspielerin

Rudolph Moshammer (1940–2005) – Modeschöpfer, Münchner Original

Waldfriedhof

Heidi Brühl (1941–1991) – Schauspielerin und Sängerin

Michael Ende (1929–1995) – Schriftsteller, Kinderbuchautor

Alfons Goppel (1905–1991) – Bayerischer Ministerpräsident 1962–1978

Werner Heisenberg (1901–1976) – Physiker

Paul Heyse (1830–1914) – Schriftsteller

Carl Krone (1870–1943) – Gründer des „Circus Krone" 1905

Carl von Linde (1842–1934) – Kältetechniker

Harry Piel (1892–1963) – Filmschauspieler und Regisseur

Franz von Stuck (1863–1928) – Maler, Bildhauer, Akademieprofessor

Paul Verhoeven (1901–1975) – Schauspieler

Frank Wedekind (1864–1918) – Schriftsteller, Kabarettist

Fritz Wunderlich (1930–1966) – Kammersänger

Werner Finck (1902–1978) – Schauspieler, Kabarettist

Fritz Kortner (1892–1970) – Schauspieler, Regisseur

Leni Riefenstahl (1902–2003) – Filmregisseurin, Fotografin

Waldfriedhof Solln

Ferdl Weiß (Ferdinand Weisheitinger) (1883–1949) – Volkssänger, Humorist, Schriftsteller

Westfriedhof

Alexandra (Doris-Wally Nefedov) (1942–1969) – Sängerin

Maxl Graf (1933–1996) – Schauspieler

Robert Lembke (1913–1989) – Journalist

Franz von Lenbach (1836–1904) – Maler

Calling Munich

Keine dreißig Kilometer südwestlich von München befindet sich die Gemeinde Weßling, deren Ortsteil Oberpfaffenhofen Sitz des Raumfahrt-Kontrollzentrums des Deutschen Zentrums für Luft- und Raumfahrt (DLR) ist.

Als im Februar 2008 das europäische Raumfahrtlabor „Columbus“ an die Weltraumfähre ISS andockte, saßen in Oberpfaffenhofen etwa 75 Ingenieure und Wissenschaftler vor ihren Bildschirmen und Computern, um den Vorgang zu kontrollieren und die Labortechnik zu aktivieren. Doch nicht „Calling Oberpfaffenhofen“, sondern „Calling Munich“ vernahmen die Wissenschaftler aus dem All, als die Astronauten Kontakt zum Kontrollzentrum aufnahmen. Selbstverständlich wussten die Astronauten, wo sich das Kontrollzentrum befindet: Schließlich war mit Hans Schlegel ein Deutscher an Bord. Die Astronauten hatten sich jedoch deswegen auf „Munich“ geeinigt, weil „Oberpfaffenhofen“ für den amerikanischen Teil der Besatzung zum Zungenbrecher geworden wäre.

Wie gut, dass München so nah bei Oberpfaffenhofen liegt und „Munich“ ganz leicht über die Lippen geht.

Pelés Münchner Stadtauswahl für Deutschland

Zum hundertsten Geburtstag des Weltfußballverbands FIFA im Jahr 2004 stellte die brasilianische Fußballlegende Pelé eine Liste der besten noch lebenden Fußballer zusammen. Von den zehn Deutschen, die Pelé auswählte, spielten nicht weniger als neun im Verlauf ihrer Karriere beim FC Bayern München. Nur der Stürmer Uwe Seeler hielt stets dem Hamburger SV die Treue:

Tor
Sepp Maier
Oliver Kahn

Abwehr/Mittelfeld
Franz Beckenbauer
Paul Breitner
Lothar Matthäus

Mittelfeld
Michael Ballack

Sturm
Jürgen Klinsmann
Gerd Müller
Karl-Heinz Rummenigge
Uwe Seeler (Hamburger SV)

München contra Berlin

Bei den 16- bis 49-jährigen Deutschen ist Berlin eindeutig beliebter als München. Laut einer 2007 veröffentlichten, von der Zeitschrift „Max" in Auftrag gegebenen Umfrage meinten 71 Prozent der Befragten, Berlin sei die lebendigste Stadt Deutschlands, 61 Prozent hielten Berlin für die kreativste Stadt und 27 Prozent wollten dort zumindest für ein paar Jahre leben. Bei diesen Zahlen hinkte München weit hinterher.

Allerdings: 41 Prozent der Befragten nahmen an, dass die Menschen in München glücklich seien. Von den Menschen in Berlin glaubten das nur 18 Prozent der Befragten.

Bei den Imagewerten schnitt München gegenüber Berlin sehr viel schlechter ab. 68 Prozent der Befragten hielten die Münchner für reich, 67 Prozent für spießig, 43 Prozent für geizig. Dagegen wurden die Berliner als multikulturell, weltoffen, tolerant und cool eingeschätzt. Die interessantesten Arbeitsplätze jedoch vermuteten 50 Prozent der Befragten in München.

Nur 43 Prozent der Befragten konnten den Namen des Münchner Oberbürgermeisters Christian Ude (SPD) nennen. Der Regierende Bürgermeister von Berlin, Klaus Wowereit (SPD), wurde hingegen von 78 Prozent der Befragten richtig genannt.

Das Meinungsforschungsinstitut Ears and Eyes befragte laut „Max" 1 302 Deutsche im Alter von 16 bis 49 Jahren.

Münchens Bürgermeister

1. Bürgermeister

Franz Paul von Mittermayr	1818–1836
Josef von Teng	1836–1837
Jakob Bauer	1838–1854
Kaspar von Steinsdorf	1854–1870
Alois von Erhardt	1870–1887
Johannes von Widenmayer	1888–1893
Wilhelm Georg von Borscht	1893–1919
Eduard Schmid	1919–1924
Karl Scharnagl	1925–1933

Oberbürgermeister

Karl Fiehler	1933–1945
Karl Scharnagl	1945–1948
Thomas Wimmer	1948–1960
Hans Jochen Vogel	1960–1972
Georg Kronawitter	1972–1978
Erich Kiesl	1978–1984
Georg Kronawitter	1984–1993
Christian Ude	seit 12.9.1993

Moderne Architektur

Nach dem Zweiten Weltkrieg sollte das zerstörte München in möglichst wenig veränderter Form wieder aufgebaut werden. Doch spätestens seit dem Bau des Olympiageländes für die Sommerspiele 1972 gibt es auch in München beeindruckende Beispiele moderner Architektur.

Uptown München

Bürogebäude am Münchner Tor

Highlight Munich Business Tower

Telekom Center München

Jüdisches Museum

Lyrikkabinett

Ohel Jakob Synagoge

BMW-Welt

Allianz-Arena

Erweiterungsbau der Akademie der Künste

Pinakothek der Moderne

Olympiastadion

Hypo-Hochhaus

BMW-Hochhaus und BMW-Museum

Asiatische Architektur

Der Chinesische Turm in der Mitte des Englischen Gartens wurde 1789–1790 von Johann Baptist Lechner errichtet. Die während des Zweiten Weltkriegs ausgebrannte fünfgeschossige Holzpagode wurde 1951–1952 originalgetreu wiederaufgebaut.

Nun die Wettervorhersage: Morgen ist mit Bierschnee zu rechnen

Wirte sehen besorgt zum Himmel und Biertrinker frohlocken. Statt die nächste Maß zu bestellen, warten die Menschen darauf, mit geöffnetem Mund durch München zu laufen, um Schneeflocken zu fangen. So stellt sich mancheiner vielleicht München als Schlaraffenland vor, wenn er hört, dass dort Bierschnee vom Himmel fällt. Doch gemach, gemach, selbst in München muss für das Bier weiter bezahlt werden. Bierschnee gibt es zwar, doch der besteht auch hier aus nichts anderem als Wasser. Bierschnee schneit es, wenn die feuchte Abluft der Münchner Großbrauereien beim Aufsteigen kondensiert und sich wegen der herrschenden Minustemperaturen zu raureifähnlichem weißem Niederschlag auskristallisiert.

Dieses Industriephänomen kennt man weiter nördlich ebenfalls. Im Ruhrgebiet etwa, wo durch große Kühlanlagen von Kraftwerken oder Industriebetrieben viel Wasserdampf in die Luft steigt. Dort liegt dann mehr als Puderzucker über den Städten, und der von Menschen gemachte Schnee liefert ein paar Tage überall Gesprächsstoff. Sonst schneit es in diesen Regionen nämlich kaum mehr. In München ist man da gelassener: Hier führen die natürlichen Wetterbedingungen noch zu einem Schneefall, mit dem der Bierschnee nicht konkurrieren kann.

Erzbischöfe von München und Freising

Das Erzbistum München und Freising wurde im Rahmen eines Konkordats mit dem bayerischen Staat von 1817 und der Diözesen-Reform von 1821 neu errichtet. Seitdem ist der Sitz des Bistums München und die Münchener Frauenkirche dient als Kathedrale. Wohnsitz des Erzbischofs ist das Palais Holnstein, das bedeutendste der noch erhaltenen Adelspalais aus der Barockzeit in München.

Lothar Anselm Freiherr von Gebsattel
(1821–1846)
Karl August Graf von Reisach
(1846–1856)
Gregor von Scherr OSB
(1856–1877)
Antonius von Steichele
(1878–1889)
Antonius von Thoma
(1889–1897)
Franz Joseph von Stein
(1898–1909)
Franziskus Kardinal von Bettinger
(1909–1917)
Michael Kardinal von Faulhaber
(1917–1952)
Joseph Kardinal Wendel
(1952–1960)
Julius Kardinal Döpfner
(1961–1976)
Joseph Kardinal Ratzinger
(1977–1982)
seit dem 19. April 2005 **Papst Benedikt XVI.**,
Bischof von Rom
Friedrich Kardinal Wetter
(1982–2007)
Reinhard Marx
(seit 2008)

Nationalitäten in München

Staatsangehörigkeit	Einwohner
Europa	247 172
davon EU-Staaten	114 407
darunter	
Dänemark	592
Frankreich	7 203
Griechenland	22 101
Großbritannien und Nordirland	4 655
Italien	20 871
Niederlande	1 823
Österreich	21 466
Polen	14 144
Portugal	1 628
Slowakische Rep.	2 572
Slowenien	2 294
Schweden	1 129
Spanien	3 602
Tschechien	2 606
Ungarn	4 311
übriges Europa	200 449
darunter	
Bosnien und Herzegowina	16 485
Kroatien	24 697
Mazedonien	2 492
Russland	5 484
Schweiz	1 863
Serbien und Montengro (ehem.)	20 169

Türkei	43 026
Ukraine	5 325
Afrika	10 036
Amerika	11 102
darunter	
Brasilien	1 639
USA	5 225
Asien	34 481
darunter	
Afghanistan	4 245
China	3 167
Indien	2 266
Irak	8 324
Iran	1 581
Israel	686
Japan	1 997
Republik Korea	417
Libanon	242
Thailand	1 505
Vietnam	3 633
Australien/Ozeanien	792
staatenlos, ungeklärt	862
Ausländer insgesamt	304 445 (Das sind 23 Prozent der Münchner Bevölkerung.)

Stand: 31.12.2006
Quelle: Statistisches Amt München

Schmähgesänge gegen den FC Bayern

Der Klassiker

„Zieht den Bayern die Lederhose aus,
Lederhose aus,
Lederhose aus …“
(Auf die Melodie des Refrains des Beatles-Klassikers „Yellow Submarine“)

Die einen nennen es Sozialkritik, die anderen sagen Neid

„Scheiß Millionäre, wir singen scheiß Millionäre
scheiß Millionäre, wir singen scheiß Millionäre …“
(Auf die Melodie des Liedes „Guantanamera“)

Derb und anglophil

„Bayern – Who the fuck is Bayern?“
(Auf die Melodie des Smokie-Hits „Living next Door to Alice“)

Die Toten Hosen – „Bayern“

Unterstützung erhielt das volkstümliche Liedgut durch die Rockmusik, als die Düsseldorfer Band „Die Toten Hosen“ auf ihrer CD „Unsterblich“ (2000) ein Lied mit dem Titel „Bayern“ veröffentlichte. Seitdem gibt es eine von der Anti-FC Bayern-Gemeinde gefeierte Rock-Hymne. Sänger Campino und FC Bayern-Manager Uli Hoeneß dagegen haben sich längst wieder vertragen.

„Bayern" – der Refrain:
„Es kann so viel passieren
es kann so viel geschehen
Nur eins weiß ich hundertprozentig:
Nie im Leben würde ich zu Bayern gehen."

Warentest Fussball

Gelegentlich ärgert sich sogar das eigene Publikum: Auch die Bayern spielen nämlich manchmal schlecht. Dann bringt das Bayern-Publikum seine Ansprüche auf den kommerziellen Punkt:

„Wir hab'n bezahlt, wir hab'n bezahlt,
wir hab'n bezahlt wir woll'n was sehen,
wir hab'n bezahlt wir woll'n was sehen,
wir hab'n bezahlt wir woll'n was sehen."
(Auf die Melodie des Gospelstücks „Oh when the Saints")

Die sind ja nur neidisch – mit Fakten Schmähgesänge kontern

Der FC Bayern München ...

... führt die Ewige Tabelle der Bundesliga an
... errang **die meisten Meistertitel** – 20 insgesamt, davon 19 in der Bundesliga
... freute sich über **die meisten Finalteilnahmen** des DFB-Pokals – 16 insgesamt
... feierte **die meisten Siege im Finale des DFB-Pokals** – 14 insgesamt

Ausserdem ist der FC Bayern München der Verein ...

... mit **den meisten Toren in einer Saison** – 101 Tore in der Saison 1971/72
... mit **der längsten Siegesserie** – 13 Siege in Folge (27. Spieltag 1980/81 bis 5. Spieltag 1981/82)
... mit **den meisten Heimspielen in Folge ohne Niederlage** – 73 Heimspiele ohne Niederlage (31. Spieltag 1969/70 bis 4. Spieltag 1974/75)
... mit **den meisten Auswärtsspielen in Folge ohne Niederlage** – 26 Auswärtsspiele ohne Niederlage (19. Spieltag 1985/86 bis 1. Spieltag 1987/88)
... mit **den meisten Siegen in einer Saison** – 25 Siege in der Saison 1972/73
... mit **den wenigsten Niederlagen in einer Saison** – 1 Niederlage in der Saison 1986/87
... mit **den meisten Berufungen für die Nationalmannschaft**
... mit **den meisten Nationalspielern**

Der FC Bayern-Torjäger **Gerd Müller** erzielte die meisten Treffer in der Bundesliga (365 Tore) und die meisten Tore in einer Saison (1971/72: 40 Treffer in 34 Spielen). Als einziger Bundesligaspieler war er siebenmal der erfolgreichste Torschütze einer Saison. Mit 68 Treffern ist der „Bomber der Nation“ außerdem der Rekordtorschütze der deutschen Fußballnationalmannschaft.

Ein schwacher Trost für FC Bayern-Hasser

Schlechteste Platzierung in der Abschluss-Tabelle: 1977/1978 war der FC Bayern am Ende Zwölfter.

Wenigste Tore: 1974/1975 erzielte der FC Bayern 57 Tore (in 34 Spielen), 1991/1992 59 Tore (in 38 Spielen).

Meiste Gegentore: 1977/1978 kassierte der FC Bayern 64 Gegentore.

Schlechteste Tordifferenz: 1974/75 hatte der FC Bayern eine Tordifferenz von minus 6 (57:63).

Wenigste Punkte: 1977/1978 hatte der FC Bayern 32:36 Punkte (34 Spiele), 1991/1992 36:40 Punkte (38 Spiele).

Wenigste Siege: 1977/1978 gab es für den FC Bayern 11 Siege in 34 Spielen, 1991/1992 13 Siege in 38 Spielen.

Meiste Niederlagen: 1991/1992 hat der FC Bayern 15-mal verloren (38 Spiele), 1974/1975 gab es 14 Niederlagen (34 Spiele).

Schlechteste Heimbilanz: 1991/1992 war der FC Bayern 14. (von 20) in der Heimspieltabelle mit 21:17 Punkten.

Schlechteste Auswärtsbilanz: 1977/1978 gab es für den FC Bayern keinen Auswärtssieg (!) bei 7:27 Punkten (12. von 18).

Schlechteste Hinrunde: 1977/1978 stand der FC Bayern nach der Hinrunde mit 14:20 Punkten auf Platz 15.

Schlechteste Rückrunde: In der Rückrundentabelle 1991/1992 war der FC Bayern 13. mit 17:21 Punkten (20 Teams), 1976/1977 12. mit 15:19 Punkten (18 Teams).

Münchner Originale

An verschiedenen Orten wird in München an jene Menschen erinnert, die das Lebensgefühl der Stadt auf besondere Weise verkörperten.

Steinfiguren am Münchner Rathaus

Kutscher Krenkl	Er überholte mit seiner Kutsche im Englischen Garten König Ludwig I. und rief ihm ein „Wer ko, der ko" zu.
Prangerl	Der letzte bayerische Hofnarr
Baron Sulzbeck	Bassgeiger aus dem Hofbräuhaus
Finessensepperl	Er stellte auf Bitten Liebesbriefe zu.

Brunnenfiguren am Viktualienmarkt

Elise Aulinger	Volksschauspielerin
Ida Schumacher	Komödiantin
Roider Jackl	Volkssänger
Karl Valentin	Komiker und Kabarettist
Liesl Karlstadt	Komikerin und Schauspielerin
Weiß Ferdl	Volkssänger und Volksschauspieler

Bronzefigur an der Münchner Freiheit

Helmut Fischer	Schauspieler („Monaco Franze")

Der deutsche Charlie Chaplin

Gemeinsam mit seiner Bühnenpartnerin Liesl Karlstadt schrieb das Münchner Original Karl Valentin ein Kapitel deutscher Kabarettgeschichte. 1953 – fünf Jahre nach dem Tod des Volkskomikers – wurde der Karl-Valentin-Brunnen auf dem Viktualienmarkt eingeweiht.

Clubbing

Hier eine Auswahl von Clubs für Streifzüge durch Münchens Nightlife-Szene:

2 Rooms
Neuhauser Straße 47

4004
Landsberger Straße 169

8 Seasons
Maximilianstraße 2

Apartment 11
Kultfabrik, Grafinger Straße 6

Cord
Sonnenstraße 18

Crown´s Club
Neuturmstraße 5

Drei Türme
Optimolwerke, Friedenstraße 10

Garden
Lindwurmstraße 88

Harry Klein
Optimolwerke, Friedenstraße 10

K41
Optimolwerke, Friedenstraße 10

Kalinka
Kultfabrik, Grafinger Straße 6

Milchbar
Optimolwerke, Friedenstraße 10

Muffatwerk
Zellstraße 4

Nektar
Stubenvollstraße 1

Orangehouse
Hansastraße 41

Nachtwerk
Landsberger Straße 185

New Backstage
Friedenheimer Brücke

P1
Prinzregentenstraße 1

Pacha
Maximilianplatz 5

Parkcafé
Sophienstraße 7

Prager Frühling
Ainmilerstraße 1

Pulverturm
Schleißheimer Straße 393

Rafael
Kultfabrik, Grafinger Straße 6

Volksgarten
Rosenheimer Straße 145

Löschen und retten – wenn's in München brennt

Zahl der bei der Integrierten Leitstelle München eingegangenen Notrufe	930 000
Tägliches Anruferaufkommen pro Tag	2 550
Daraus entwickelte Einsatzabwicklungen und Hilfeersuchen	35 %
Zahl der ISDN-Leitungen für die Notrufnummer „112“	24
Zahl der ISDN-Leitungen für die Krankentransportnummer „19222“	16
Standleitung u. a. zu Einsatzzentralen der	Polizei Stadtwerke U-Bahn S-Bahn
Notrufverteilung	
Standleitungen	29 %
Notruf „112“	59 %
Notruf „19222“	12 %
Gesamteinsätze	
Feuerwehr	31 %
Rettungsdienst	59 %
Zahl der Alarme bei der Feuerwehr München	58 959
Alarmierte Abteilungen der freiwilligen Feuerwehr für Blaulichteinsätze im Bereich der Brandalarme und technischen Hilfeleistungen	21
Zahl der Einsätze der freiwilligen Feuerwehr	1 970
Zahl der Mitglieder der freiwilligen Feuerwehr	800
Hilfsfrist, in der die Berufsfeuerwehr im Stadtgebiet vor Ort ist	bis zu 10 Min.

Zahl der Brandalarme	3 986
Zahl der tatsächlichen Brände (Groß-, Mittel- und Kleinbrände)	1 866
Fehlalarme bei der Feuerwehr	2 120
Davon böswillige Alarmierungen	185
Irrtümer	1 159
Täuschungsalarme	776
Von der Feuerwehr bei Löscharbeiten gerettete und unverletzte Personen	326
Durch Feuer, Rauch oder andere Ursachen verletzte Personen	260
Durch Feuer, Rauch oder andere Ursachen Verletzte, die später im Krankenhaus verstarben	3
Tot geborgene Menschen	4
Aufwendungen für die Berufsfeuerwehr (abwehrender und vorbeugender Brandschutz), Freiwillige Feuerwehr und Katastrophenschutz durch die Landeshauptstadt München	115,9 Mio. Euro
Einnahmen der Feuerwehr	16,2 Mio. Euro
Zuwachs der Aufwendungen im Vergleich zum Vorjahr	3 %
Zuwachs der Einnahmen im Vergleich zum Vorjahr	12 %
Ausgaben pro Einwohner und Tag für die Feuerwehr München	20 Cent

Quelle: Feuerwehr München, Zahlen von 2007

Touristenmagnet München

München verfügt über rund 46 300 Fremdenbetten. Allein am Münchner Flughafen wurden im Jahr 2007 im Durchschnitt täglich 93 000 Passagiere abgefertigt. Den Tagesrekord erzielte – sechs Tage nach Eröffnung des Oktoberfests – der 28. September 2007 mit 122 241 Passagieren.

Monat	Ankünfte	Übernachtungen
Januar	288 543	574 818
Februar	296 259	590 314
März	374 409	726 153
April	360 239	786 769
Mai	391 535	777 437
Juni	402 182	799 619
Juli	461 691	941 520
August	434 190	970 926
September	457 313	958 374
Oktober	473 556	918 632
November	386 368	732 280
Dezember	376 217	752 363

Quelle: Bayerisches Landesamt für Statistik und Datenverarbeitung, Zahlen von 2007

Ein Palast für den Fussball

Die Allianz-Arena ist eine Sportstätte der Superlative – auch wenn sie mit 66 000 Sitzplätzen nicht ganz so viele Plätze vorweist wie zum Beispiel die Stadien in Pjöngjang (150 000) oder Mexiko-Stadt (105 064). Während der Fußballweltmeisterschaft 2006 fand in dem imposanten Stadion das Eröffnungsspiel zwischen dem Gastgeber Deutschland und Costa Rica statt.

Weitere Antworten auf gern gestellte „W-Fragen":

Wo denn?	München-Fröttmaning
Wann angefangen?	21. Oktober 2002
Wann übergeben?	30. April 2005
Wem gehört die Immobilie?	seit dem 27. April 2006 dem FC Bayern München; zunächst vorläufig bis 2010 (100 Prozent der Anteile)
Wann waren die Einweihungspartys?	30. Mai 2005: TSV 1860 München – 1.FC Nürnberg 3:2, 31. Mai 2005: FC Bayern München – Deutsche Nationalmannschaft 4:2
Wie viel hat das alles gekostet?	340,0 Mio. Euro
Wie viele passen rein?	69 901 komplett überdachte Plätze (inkl. Logen und Business-Seats), davon 66 000 Sitzplätze
Wie viele Zuschauer können bei Ligaspielen in Süd und Nordkurve stehen?	13 500 (unterer Rang)
Wie viele finden einen speziellen Platz für Behinderte?	165

Wie viele Parkplätze können vollgestellt werden?	11 000 (Parkhaus Esplanade und Stadion)
Wie viele Busse können Fans hinbringen – und auch parken?	350
In wie vielen Kiosken kann man schnell vor Anpfiff einkaufen?	28
Wohin mit quengeligen Kindern?	LEGO Kinderclub
Wo kann man bezahlen?	54 Ticketschalter
Wo sind die Profis (wenn sie nicht spielen)?	4 Kabinen (Bayern, 1860, zwei für den Gast), 4 Trainerkabinen und 2 Schiedsrichterkabinen
Wo wärmen sich die Spieler auf?	2 Hallen à 110 m^2
Wohin bei einem dringenden Bedürfnis?	550 WC-Kabinen
Was tun, wenn man nichts auf dem Spielfeld erkennen kann?	190 Monitore
Wie viel Grün sieht man?	Rasen brutto: 72 x 111 m
Wie weit ist es bis zum Einwurf?	Zuschauerabstand zum Spielfeld: 7,50 m
Wie gut ist man geschützt?	Dachfläche: 38 000 m^2 überbaute Fläche: 37 600 m^2
Was sieht man von draußen?	Fassade: 28 500 m^2
Was passiert, wenn es dunkel wird?	beleuchtbare Fläche (in drei Farben): 25 500 m^2 232 Scheinwerfer auf 45 m Höhe

Die grösste Membranhülle der Welt

Die Fassade und das Dach der Allianz-Arena bestehen aus 2 760 luftgefüllten Membrankissen. Sie können wahlweise in Rot-Weiß – den Vereinsfarben des FC Bayern München – und in Weiß-Blau – den Farben des TSV 1860 München – beleuchtet werden.

Die Hits der Münchner Fussballstars

Fußballspieler	Single/LP	Jahr
Radi Radenkovic (TSV München 1860)	A-Seite: Bißchen Glück in Liebe B-Seite: Ich komm zurück	1965
Radi Radenkovic (TSV München 1860)	A-Seite: Bin I Radi, Bin I König B-Seite: Gib mir mein Herz zurück	1965
Radi Radenkovic (TSV München 1860)	A-Seite: Radi & Radieschen B-Seite: Arbeit macht das Leben süß	1966
Radi Radenkovic (TSV München 1860)	A-Seite: Es kommt alles, alles anders B-Seite: Tulipan, Tulipan	1966
Franz Beckenbauer (FC Bayern München)	A-Seite: Du Allein B-Seite: Gute Freunde kann niemand trennen	1966
Franz Beckenbauer (FC Bayern München)	A-Seite: Du bist das Glück B: Seite: 1:0 für die Liebe	1967
Gerd Müller (FC Bayern München)	A-Seite: Raba-Da-Da B-Seite: Nur jetzt nicht weinen	1967
Gerd Müller (FC Bayern München)	A-Seite: Das gibt ein Schützenfest B-Seite: Bleib am Ball	1968
Sepp Maier (FC Bayern München)	Die bayerische Loreley	1968
Gerd Müller (FC Bayern München)	A-Seite: Das gibt ein Schützenfest B-Seite: Dann macht es bumm	1974
Jean Marie Pfaff (FC Bayern München)	A-Seite: Jetzt bin ich ein Bayer B-Seite: Wir zwei	1983
FC Bayern München, Andrew White & der Tölzer Knabenchor	Die schönsten Weihnachtslieder	1995
Keksi & die falschen Freunde*	Ohne dich (schlaf ich heute Nacht nicht ein)	1996

* Die „falschen Freunde“ sind: Alexander Zickler, Christian Ziege, Didi Hamann, Rigo

Was München für Bayern bedeutet – Daten und Zahlen

Die bayerische Landeshauptstadt nimmt nicht einmal ein Prozent der Fläche Bayerns ein. Doch Münchnerinnen stellen elf Prozent der weiblichen Bevölkerung des Freistaats. München verfügt über zwölf Prozent aller bayerischen Wohnungen und vier Prozent der Unternehmen. 25 Prozent aller bayerischen Universitäten stehen in München. Und neun Prozent der in Bayern zugelassenen Autos sind auf Münchner Straßen zuhause.

Auf einen Blick:

	München	Bayern
Fläche in km²	310,43	70 549,44
Bevölkerung	1 326 206	12 492 658
darunter weiblich	683 347	6 373 681
Ausländer/innen	304 445	1 178 577
Bevölkerungsdichte (Pers./km²)	4 272	177
Lebendgeborene	13 027	104 822
Gestorbene	10 848	118 733
Hochschulen (WS 2006/2007)	12	48
mit ... Studierenden	87 779	257 898
Zahl der Betriebe	331	7 478
Beschäftigte	107 840	1 163 990
Arbeitslose	47 374	386 613
Wohnungsbestand	734 397	5 890 775
Zugelassene Kraftfahrzeuge	801 380	9 496 289
Gästeübernachtungen	8 858 818	74 691 170

Quellen: Bayerisches Landesamt für Statistik und Datenverarbeitung, Statistisches Amt der Landeshauptstadt München

Rap und Hiphop

Wer die Münchner HipHop-Szene kennenlernen will, der sollte sich folgende Namen merken:

Ali A$

Beatbox Eliot

Blumentopf

Cayes

David P.

Echorausch

Edward Sizzerhand

Einshoch6

Fiva MC & DJ Radrum

Feinkost Paranoia

Goofiesmackerz

Les Babacools

Lil'O

Main Concept

Raptile

Square One

Tai Jason

Nobelpreisträger der Ludwig-Maximilians-Universität München

Wilhelm Conrad Röntgen (1845–1923)	Nobelpreis für Physik 1901
Adolf von Baeyer (1835–1917)	Nobelpreis für Chemie 1905
Wilhelm Wien (1864–1928)	Nobelpreis für Physik 1911
Max von Laue (1879–1960)	Nobelpreis für Physik 1914
Richard Willstätter (1872–1942)	Nobelpreis für Chemie 1915
Heinrich Wieland (1877–1957)	Nobelpreis für Chemie 1927
Werner Heisenberg (1901–1976)	Nobelpreis für Physik 1932
Adolf Butenandt (1903–1995)	Nobelpreis für Chemie 1939
Feodor Lynen (1911–1979)	Nobelpreis für Medizin 1964
Karl Ritter von Frisch (1886–1982)	Nobelpreis für Medizin 1973
Konrad Lorenz (1903–1989)	Nobelpreis für Medizin 1973
Gerd Binnig (* 1947)	Nobelpreis für Physik 1986
Theodor W. Hänsch (* 1941)	Nobelpreis für Physik 2005

Erste Liga!

In der Saison 2007/08 gab es in 16 Sportarten einen Münchner Verein, der in der jeweils höchsten Leistungsklasse am Wettbewerb teilnahm. Da einige Sportarten sogar doppelt besetzt waren, befanden sich insgesamt 19 Münchner Mannschaften in der ersten Liga.

Verein	Sportart	Liga	Damen/ Herren
AFC Munich Cowboys	American Football	1. Bundesliga	Damen und Herren
Billard-Sportverein München	Billard	2. Bundesliga	Herren
Erster Münchner Schwimmclub	Schwimmen	2. Bundesliga 1. Bundesliga	Herren Damen
EHC München e. V.	Eishockey	2. Bundesliga	Herren
ESV Sportfreunde Mü.-Neuaubing	Kraftdreikampf, Gewichtheben	2. Bundesliga Süd	Herren
FC Bayern München	Kunstturnen	1. Bundesliga	Herren
FC Bayern München	Fußball	1. Bundesliga	Damen und Herren
FFC Wacker München 99	Fußball	2. Bundesliga	Damen
Freier Wassersportverein	Schwimmen	2. Bundesliga	Herren
HC Rot-Weiß München 1932	Feldhockey	2. Bundesliga Süd	Herren
Kgl. priv. FSG „Der Bund"	Sportschießen, Luftgewehr	1. Bundesliga Süd	Damen und Herren
Kgl. priv. HSG 1406	Sportschießen, Luftgewehr	2. Bundesliga Süd	Damen und Herren
MTSV Schwabing	Basketball	1. Bundesliga	Damen
MTV München 1879	Prellball	Regionalliga Süd	Herren
MTV München 1879	Volleyball	2. Bundesliga	Herren

München Basket	Basketball	2. Bundesliga	Herren
München-Rugby-West	Rugby	2. Bundesliga	Damen und Herren
Münchner Kegler-Verein	Bowling	1. Bundesliga	Damen und Herren
	Bowling	2. Bundesliga Süd	Damen und Herren
Münchner Sportclub	Feldhockey	1. Bundesliga	Damen und Herren
	Hallenhockey	1. Bundesliga	Damen und Herren
SC München-Solln	Squash	1. Bundesliga 2. Bundesliga Süd	Damen Herren
Sportfreunde Harteck	Judo	2. Bundesliga Süd	Herren
Süddeutscher Tauchclub	Unterwasser-rugby	1. Bundesliga	Herren
SV Studentenstadt Freimann	Rugby	2. Bundesliga Süd	Herren
TSV München 1860	Fußball	2. Bundesliga	Herren
TSV Forstenried	Elektroroll-stuhl-Hockey	1. Bundesliga	Damen und Herren
TSV München-Groß-hadern	Judo	1. Bundesliga	Damen und Herren
TSV München-Milberts-hofen	Rollstuhl-Rugby	1. Bundesliga	Damen und Herren
TSV Neuhausen-Nympehnburg	Badminton	2. Bundesliga Süd	Damen und Herren
USC Rollstuhlsport	Rollstuhl-Basketball	1. und 2. Bun-desliga	Damen und Herren
Werfer-Club 95 München	Rasenkraft-sport	Bundesliga und 2. Bun-desliga	Damen und Herren

Quelle: Sport in München; Jahresdokumentation 2007

Der Starkbieranstich und die Salvatorredner

Der Starkbierausschank zur Fastenzeit geht zurück auf die Paulaner-Mönche vom Kloster Neudeck. Zunächst wurde zu Ehren des Ordensgründers ab 1651 in der Fastenzeit eine besonders starke Biersorte gebraut, das „Sankt-Vater-Bier", das später Salvator genannt wurde. Nachdem den Paulanern der öffentliche Bierausschank gestattet wurde, erhielt der Starkbieranstich nach und nach Volksfestcharakter. 1799 jedoch wurde das Kloster aufgehoben, schließlich im Zuge der Säkularisation enteignet und ab 1803 an den Johanniterorden verkauft. Erst als Franz Xaver Zacherl 1806 das Brauhaus pachtete, begann die Bierproduktion erneut und die Tradition des Starkbieranstichs lebte von neuem auf.

Ab 1851 ließ die Paulanerbrauerei Gstanzlsänger und Volksschauspieler zum Starkbieranstich auftreten: Unterhaltung zieht schließlich die Gäste an und stimmt sie trinkfreudiger. Beim Anstich 1891 gab es erstmals eine Salvatorrede, die nach dem Krieg ab 1951 ihre Form der kabarettistischen Politiker-Schelte erhielt.

Der Starkbieranstich ist heute ein gesellschaftliches Ereignis, das seit 1982 auch vom Bayerischen Fernsehen übertragen wird. Beim Politiker-Derblecken und beim anschließenden Singspiel bemüht sich die politische Prominenz darum, möglichst unbekümmert mitzulachen – schließlich sehen viele zu, wenn der Festredner über die Politiker seine Witze reißt. Denn das bedeutet „Derblecken" in seiner ursprünglichen Form: Der Wirt des Dorfes, vertraut mit den Geheimnissen und Fehlern seiner Gäste, macht sich über sie lustig und spöttelt. Auch wenn vor allem der Redner im Rampenlicht des Starkbieranstichs stand, hatte er seine Rede nicht immer selbst verfasst. So wirkte von 1982 bis 2003 Hannes Burger als Autor der Festreden mit. In den letzten Jahren betraute man Kabarettisten mit der Festrede, die ihren Text selbst verfassten.

Die Salvatorredner seit 1891

Jakob Geis

Weiß Ferdl

Adolf Gondrell

Roider Jackl

Michl Lang

Klaus Havenstein

Franz Schönhuber

Ernst Maria Lang

Walter Sedlmayr

Max Grießer

Erich Hallhuber

Gerd Fischer

Bruno Jonas

Django Asül

Michael Lerchenberg

Münchens grüne Lungen

München – Landschaft – Garten: Dieser Dreiklang trifft schon seit Jahrhunderten zu. Die bayerischen Herrscher legten viel Wert auf die Gestaltung der Parkanlagen, und die Münchner Malerschule des 19. Jahrhunderts verewigte die Landschaft in zahlreichen Gemälden.

Wenn es den Münchner heute ins Grüne zieht, kann er zwischen folgenden Zielen wählen:

Alter Botanischer Garten

Der 1812 errichtete klassizistische Portalbau gegenüber dem Justizpalast war der Eingang zur Gartenanlage, die der Landschaftsarchitekt Ludwig von Sckell anlegte und Franz von Paula einrichtete. Der von Joseph Wackerle gestaltete barocke Neptunbrunnen wurde im Zuge der Umgestaltung zum Stadtpark 1937 in den Park integriert.

Botanischer Garten

Schmuckhof, Rhododendronhain, Arboretum, Alpinum, eines der größten europäischen Gewächshausanlagen (6 000 Pflanzenarten: tropische bis aride Zonen, im Winterhalbjahr zeitweise tropische Schmetterlinge)

Englischer Garten

Anlage 1789 von Kurfürst Karl Theodor von Bayern in Auftrag gegeben, seit 1792 der Öffentlichkeit zugänglich, eine der weltweit größten innerstädtischen Parkanlagen (373 Hektar), regelmäßige Teezeremonien im Japanischen Teehaus, Highlights: Chinesischer Turm (1789/90), angelehnt an eine Pagode in den Kew Gardens bei London, Kleinhesseloher See (1802, Erweiterung 1813), Monopteros auf einem künstlichen Hügel (1837, Leo von Klenze)

Hofgarten

Entstanden Anfang des 17. Jahrhunderts nach dem Muster italienischer Renaissancegärten, direkte Nachbarschaft zur Bayerischen Staatskanzlei, im Norden und Westen umgeben von den Arkadengängen mit insgesamt 125 Bögen, das Hofgartentor (1816) war Leo von Klenzes erstes Werk in München

Luitpoldpark

Umfasst eine Fläche von 33 Hektar, 1911 von den Münchner Bürgern zum Anlaß des 90. Geburtstags des bayerischen Prinzregenten Luitpold als Park mit 90 Linden und einem Obelisken angelegt, überragt vom 37 Meter hohen Luitpoldhügel (ehemaliger Schwabinger Schuttberg), Sitz des „Bamberger Hauses", eines kleinen neobarocken Parkschlösschens

Maximiliansanlagen

Die Park- und Gartenanlagen säumen das rechte Isarufer vom Gasteig bis zu St.Georg in Bogenhausen, im Auftrag von König Maximilian II. zwischen 1856 und 1866 durch Carl von Effner gestaltet, Standort des 38 Meter hohen Friedensengels

Olympiapark

Angelegt anlässlich der Olympischen Sommerspiele 1972, beherbergt das Olympiastadion (ausgerichtet für 80 000 Besucher, vor dem Bau der Allianz-Arena Fußballstadion des FC Bayern München und mit Unterbrechungen auch des TSV 1860 München) und den 291 Meter hohen Olympiaturm

Ostpark

In den 1960er-Jahren errichtet, offenes Tal mit Wiesen und See, gerahmt von einer bewaldeten Hügelkette

Petuelpark

Gelegen zwischen Milbertshofen und Schwabing, seit 2002 untertunnelt, Kunstkonzept als Bestandteil der Parkarchitektur

Riemer Park

Relikt der Bundesgartenschau 2005, von Pariser Landschaftsarchitekturbüro geplant, Kontrast zwischen diagonalen Gehölzflächen und Grasheiden, großer Badesee

Westpark

72 Hektar große Parkanlage, südlich des alten Messegeländes, 1983 anlässlich der IV. Internationalen Gartenbauausstellung (IGA) fertiggestellt, Standort der berühmten Originalpagode (für die IGA von 200 nepalesischen Kunsthandwerkern errichtet)

Engel des Friedens

Der Friedensengel auf einer Terrassenanlage in der Prinzregentenstraße ist eines der Wahrzeichen Münchens. Die 18 Meter hohe vergoldete Bronzeskulptur wurde 1895 von der Stadt in Erinnerung an die Jahre des Friedens nach dem Deutsch-Französischen Krieg von 1870–1871 gestiftet.

Münchner Haus

Das 1897 eröffnete Münchner Haus ist eine Alpenvereinshütte der Sektion München des Deutschen Alpenvereins. Sie befindet sich auf dem Westgipfel der Zugspitze (2 962 Meter) und ist somit das höchstgelegene Schutzhaus in den deutschen Alpen. Wer kein ambitionierter anderer oder Bergsteiger ist, kann die Hütte bequem mit Hilfe der Bergbahnen vom Zugspitzplatt, vom Eibsee und von Ehrwald in Österreich aus erreichen.

Münchener Neues Testament

Das Münchener Neue Testament ist eine deutschsprachige Bibelübersetzung des Neuen Testaments, bei der versucht wurde, den Text möglichst wortgetreu wiederzugeben. Zunächst um 1970 als Universitätsprojekt gestartet, wurde die Übersetzung im Verein Collegium Biblicum München (CBM) e. V. weitergeführt. Die Übersetzung wurde schließlich 1988 im Patmos Verlag Düsseldorf veröffentlicht und ist heute in einer Studienausgabe erhältlich.

München und der Kriminalroman

Das Krimifestival München ist eines der größten internationalen Festivals für Kriminalliteratur. Seit 2003 zieht das Festival jedes Jahr im März und April rund hundert renommierte Krimi-Autoren aus aller Welt an die Isar.

Viele Schriftsteller haben auch München als Handlungsort für ihre Kriminalromane gewählt. Hier eine Auswahl:

Autor	Titel	Erscheinungsjahr
Robert Hültner	Inspektor Kajetan und die Sache Koslowski	1995
Friedrich Ani	Killing Giesing	1996
Friedrich Ani	Süden und das Gelöbnis des gefallenen Engels	2001
Harry Luck	Der Isar-Bulle	2003
Robert Hültner	Das schlafende Grab	2004
Heidi Rehn	Tod im Englischen Garten	2007
Martin W. Brock	Nachtnebel	2005
Friedrich Ani	Idylle der Hyänen	2006
Faye Kellerman	Und da war Finsternis	2006
Max Bronski	München Blues	2007
Friedrich Ani	Wer lebt, stirbt	2007
Harry Luck	Absolution	2007
Thomas Letocha	Der Anrufer, eine Leiche im Englischen Garten und nicht zu vergessen: Frau Dörfel	2007
Andrea Maria Schenkel	Kalteis	2007
Sobo Swobodnik	Oktoberfest	2007

Es wird viel passieren ...

Seit 1992 wird auf dem Gelände der Bavaria Film in Geiselgasteig bei München die ARD-Daily-Soap „Marienhof" gedreht. Die Spielfläche der Serie umfasst insgesamt 7 530 m², darunter zwei Studios mit 1 960 m² und 720 m². Bis Anfang 2008 wurden mehr als 3 300 Folgen fertiggestellt, in denen etwa 100 Hauptdarsteller, 4 000 Nebendarsteller und 50 000 Komparsen mitwirkten. Bislang erlebten die Marienhöfler 22 Hochzeiten und beklagten 45 Tote, von denen sieben sogar ermordet wurden. Auch in „Marienhof" schrumpft demnach die Bevölkerungszahl, denn in derselben Zeit wurden nur 13 Serien-Kinder geboren. Mehr als drei Millionen Zuschauer freuen sich täglich auf die Geschichten aus dem „Marienhof" und den Titelsong „Es wird viel passieren".

Fans der Serie wissen: „Marienhof" ist ein fiktives Stadtviertel von Köln. Das ist nicht ohne Witz: Denn in Köln wiederum wird seit 1985 bekanntermaßen die „Lindenstraße" gedreht – und diese Serien-Straße liegt in einem fiktiven Ortsteil Münchens.

Die Münchner „Tatort"-Kommissare

1970–1981	Oberinspektor Melchior Veigl (Gustl Bayrhammer), 15 Folgen
1981–1987	Kriminalhauptkommissar Ludwig Lenz (Helmut Fischer), 7 Folgen
1985	Kriminalhauptkommissar Siggi Riedmüller (Günther-Maria Halmer), 1 Folge
1987	Kriminalhauptkommissar Karl Scherrer (Hans Brenner), 1 Folge
1988–1989	Kriminalhauptkommissar Otto Brandenburg (Horst Bollmann), 2 Folgen
seit 1991	Kriminalhauptkommissar Ivo Batic (Miroslav Nemech) und Kriminalhauptkommissar Franz Leitmayr (Udo Wachtveitl), bislang mehr als 50 Folgen

In München steht ein Hofbräuhaus

Viele Touristen haben bestimmte stereotype Bilder von München vor dem geistigen Auge. Manche glauben etwa, alle Münchner würden Lederhosen tragen und ununterbrochen ungeheuer viel Bier trinken. Wo? – Selbstverständlich im Hofbräuhaus. Denn dieses Lied kennt fast die gesamte Welt:

„In München steht ein Hofbräuhaus – oans, zwoa, g'suffa!"

Das weltweit beliebte Stimmungslied hat München übrigens einer Zusammenarbeit mehrerer Preußen zu verdanken. Der Berliner Wiga Gabriel ersann 1935 in einem Café seiner Heimatstadt die Melodie zu einem Text seines Freundes Klaus Siegfried Richter aus Hindelang. Ein weiterer Freund, Wilhelm Gebauer aus Leipzig, nahm das Stück in seinen Musik-Verlag auf.

Eine bayrische Blaskapelle spielte das Lied 1936 auf dem Dürkheimer Wurstmarkt in der Pfalz zum ersten Mal. Schnell gehörte es zum Repertoire der Kapelle und wurde vom Publikum immer wieder gefordert. Dank Karneval und Fasching avancierte das Hofbräuhaus-Lied in den folgenden Jahren endgültig zum viel gehörten deutschen Schlager. Was die Betreiber des Münchner Hofbräuhauses natürlich sehr freute.

Münchner Rathaus schmückt Berliner Telefonbuch

Wer in der Bundeshauptstadt Berlin im Telefonbuch einen Namen mit den Anfangsbuchstaben von L bis Z sucht, der erblickt seit Mai 2008 als Erstes ein Münchner Motiv: Denn auf dem Cover des voluminösen Bandes, der mit einer Auflage von 700 000 Stück erschien, prangt das Bild eines imposanten Rathauses – und zwar des Münchner Rathauses auf dem Marienplatz. Den ersten Telefonbuchband, der die Familiennamen mit den Anfangsbuchstaben A bis K umfasst, ziert hingegen standesgemäß der Berliner Hauptbahnhof.

Grund für die ungewollte Platzierung von Münchner Architektur auf dem in Berlin weit verbreiteten Druckwerk waren nach Angaben der Beteiligten verwirrende Benennungen der digitalen Bilddaten, die als Grundlage für solche Illustrationen dienen. Eigentlich sollte Berlins Rotes Rathaus abgebildet werden, doch in der Hektik der letzten Produktionsphase schaute man nicht noch einmal ganz genau hin ...

Für alle Nutzer bleibt entscheidend: Mag das abgebildete Rathaus auch nicht in Berlin stehen, sondern in München – die Berliner Telefonnummern jedenfalls sind korrekt. Man sollte sich also nicht vom äußeren Schein verwirren lassen: Nur das Innere zählt!

Deutsch lernen mit Familie Korkmaz

In der gegenwärtigen Bildungsdiskussion ist man sich einig: Ungenügende Deutschkenntnisse vieler Mitbürger mit Migrationshintergrund verringern ihre Chancen in unserer Gesellschaft. In München ging man dieses Problem in den 1980er-Jahren auf ungewöhnliche Weise an und betrat mit der Entwicklung eines deutschlandweit einzigartigen Deutschlernprogramms Neuland. So entstand die achtteilige Serie „Korkmazlar – Eine Videofilmserie mit integrierten Deutschlernangeboten für türkische Familien“, die seit 1989 auch mehrfach im Fernsehen ausgestrahlt wurde. Gegenstand der Serie, die von den Institutionen der Erwachsenenbildung hochgelobt wurde, ist das Leben einer türkischen Migrantenfamilie in München im Jahr 1987. Die Figur des Familienvaters verkörperte der bekannte türkische Schauspieler Yaman Okay, der in Deutschland zuvor unter anderem in der Krimiserie „Ein Fall für Zwei“ auf dem Bildschirm zu sehen war.

Mit der didaktisch aufbereiteten türkischsprachigen Sendung sollte dem Zuschauer das Erlernen der deutschen Sprache erleichtert werden. Am Beispiel der Familie Korkmaz wurden typische Probleme vor Augen geführt, die aus einer mangelhaften Sprachbeherrschung im Alltag entstehen können. Das Konzept, das den bis dahin nicht genutzten Verbreitungsweg „Videorekorder“ innovativ für ein Sprachlernprogramm einsetzte, war im Rahmen eines Erwachsenenbildungsprojekts entwickelt worden. Zu den Videokassetten gesellten sich Sprachmagazine und später zusätzliche Arbeitsblätter für den Unterricht mit Hilfe der Serie.

Der Blaue Reiter in München

Zu den wichtigsten künstlerischen Bewegungen des 20. Jahrhunderts zählt „Der Blaue Reiter“. Die Künstlergemeinschaft, die wegbereitend für die gesamte moderne Kunst des letzten Jahrhunderts werden sollte, gründete sich 1911 in München – und zwar unter recht turbulenten Bedingungen. Der russischstämmige Maler Wassily Kandinsky war bereits zuvor Mitglied einer Münchner Künstlergruppe gewesen, die sich „Neue Künstlervereinigung München“ nannte. Dort aber hatte man sich gegen seine künstlerischen Ziele ausgesprochen, was Kandinsky mit der Niederlegung des Vorsitzes quittierte. Anschließend traten auch die Künstler Alfred Kubin, Franz Marc und Gabriele Münter aus der Gruppe aus, um mit Kandinsky eine neue Vereinigung zu bilden. Ihre erste Ausstellung unter dem Namen „Der Blaue Reiter“ in der Münchner „Modernen Galerie“ von Heinrich Thannhauser besaß übrigens eine pikante Note: Denn gleich nebenan stellten die in der Neuen Künstlervereinigung München verbliebenen Maler ihre Werke aus.

In den folgenden Jahren gruppierten sich weitere Maler wie August Macke und Paul Klee um die Künstlervereinigung. Durch Ausbruch des Ersten Weltkriegs im Jahr 1914 löste sich jedoch auch diese Gruppe auf. Ihr Begründer Kandinsky ging nach Russland zurück, andere Mitglieder wie Franz Marc fielen im Krieg.

Nicht ganz gesichert ist, wie der Gruppenname „Der Blaue Reiter" eigentlich zustande kam. Einerseits heißt es, die Bezeichnung leite sich von einem Gemälde Kandinskys aus dem Jahr 1903 ab. Der Künstler selbst aber gab zu Protokoll, der Name sei am Kaffeetisch in Franz Marcs Gartenlaube in Sindelsdorf entstanden. Beide, so sagte er, liebten die Farbe Blau, Marc Pferde, er selbst Reiter. So habe sich der Name von selbst ergeben – so einfach kann es manchmal sein ...

Künstler im Umfeld des Blauen Reiters

Wassily Kandinsky (1866–1944)
Franz Marc (1880–1916)
Gabriele Münter (1877–1962)
Marianne von Werefkin (1860–1938)
Heinrich Campendonk (1889–1957)
Alexej von Jawlensky (1864 od. 1865–1941)
August Macke (1887–1914)
Alfred Kubin (1877–1959)
Arnold Schönberg (1874–1951)
Paul Klee (1879–1940)
Robert Delaunay (1885–1941)

Goodbye, München

Von München in andere deutsche Städte – und in die Welt hinaus:

Mit der Bahn von München nach ...

	Fahrzeit (Std.)	Zug
Garmisch-Partenkirchen	ca. 1 1/2	RB
Nürnberg	ca. 1 1/2	ICE
Frankfurt a. M.	ca. 3 1/2	ICE
Köln	ca. 4 1/2	ICE
Wien	ca. 4	EC
Berlin	ca. 6 1/2	ICE
Hamburg	ca. 6	ICE
Mailand	ca. 7 1/2	EC
Paris	ca. 8 1/2	EC
Rom	ca. 12	CNL

Mit dem Flugzeug von München nach ...

	Flugzeit (Std.)
Abu Dhabi	6:00
Düsseldorf	1:20
Dresden	0:55
Hongkong	11:30
Kapstadt	11:00
Paris	1:30
Rom	1:35
New York	9:20

Pizol
3,4 km
Paris
Tokio
Genf
Wien
500 km
200 km
Madrid
50 km
1'200 km
St. Moritz
60 km
Sydney
16'500 km
9'350 km
Zürich
80 km

Zum Schluss und in eigener Sache

Trotz der sorgfältigsten Recherche kommt es manchmal leider vor, dass eine Zahl verdreht wird oder eine Zusammenstellung etwas irreführend gerät. Auch sagen drei verschiedene Quellen zum selben Sachverhalt von Zeit zu Zeit dreifach Verschiedenes und man muss sich für eine Version entscheiden.

Bei allen, die es besser wissen, entschuldigen sich die Autoren hiermit für mögliche Irrtümer. Und bei allen anderen, die es gar nicht gemerkt haben, natürlich auch.